中学校3年間の英単語が1ヶ月で1000語覚えられる本

『スタディサプリ』英語講師
関 正生

purpose　hope
attractive

かんき出版

たくさんの受験生の人生を変えた「1ヵ月1000単語習得メソッド」

　25年以上に渡り英語を教えてきましたが、講師1年目から必ず授業で話しているのが「1ヵ月1000単語習得メソッド」です。これはボク自身が高校2年のときに考え、大学受験時はもちろん、大学に入ってからもさらなる英単語増強のため、そしてフランス語の単語を覚えるときに大活躍してくれた方法です（この方法を使って、半年足らずで4000ものフランス語を覚えました）。

　常識では「1ヵ月で1000個も覚えるなんて絶対ムリ…」と思われるでしょうが、**やり方を劇的に変えるからこそ「劇的な効果」が生まれる**わけです。その経験と方法論を、中学生・高校生・大学生・社会人問わず毎年話してきました。予備校の教室はもちろんのこと、今までにオンライン予備校「スタディサプリ」を通じて、100万人以上のユーザーに伝えてきました。

　それに加え、NHKラジオ『基礎英語2』の連載を通じて、NHKラジオのテキストという、誰もが知る媒体で全国の中学生にこの方法を伝えることができました。さらに、とある有名企業で講演したときにも、40代・50代の社会人にこの方法での単語習得を勧めました。まさに**年齢を問わず通用する方法論**です。

　ただ、この「1ヵ月1000単語習得メソッド」で実際に大成功をおさめた人がたくさんいる反面、最初の一歩を踏み出せずにそのままにしてしまった人もいました。自分の持っている単語帳が100個や200個の区切りになっていなかったり、例文や長文を使って覚える形式の単語帳だったため、使いづらいなと思っているうちに、なんとなく単語から意識が離れてしまう人もいたようです。

　そこで、その最初の一歩を踏み出しやすいように、様々な工夫を凝らして1冊のワークブックにまとめたのがこの本です。本書は「1ヵ月1000単語習得メソッド」のために作られています。

▶ コツコツやるから挫折する

「1ヵ月1000単語習得メソッド」なんて聞くと、怪しい方法を想像するかもしれません。もしくは「右脳」がどうとか、「記憶のためには寝る前がいい」とか…。もちろんそういう話もあっていいわけですが、ボク個人は脳科学には興味がありませんし、現実には中高生にそういった話はあまり響かないようです。

では、何が必要なのか？ それは「単語の覚え方に対する意識改革」です。ズバリひと言でまとめるなら…

単語は一気にやる！

これなんです。「そんなことかよ」と思うかもしれませんが、ここに大きな誤解があるんです。というのも、単語の話になると、なぜか「少しずつコツコツやるもの」という考えが広まっていますよね。

でも少しずつコツコツやれる人（子どもでも大人でも）って、ほとんどいないのではないでしょうか。少なくともボク自身はコツコツなんてできませんし、予備校講師としてたくさんの生徒を見てきた立場から断言できますが、「コツコツやれる子は超少数派」です。学校のクラスで1人、2人でしょう。つまり、クラス1・2を争う努力家・真面目な性格の人はそれでうまくいくわけですが、ボクを含む大半の人はコツコツやることなんてできないのがふつうなんです。ちなみに、コツコツやれる人は成績が上がります。そういう人が勉強を教えるときに「コツコツやることが大事」と言うだけなんです。確かに「大事」ですが、「実行」ができないんです。

コツコツできないなら、一気にやってしまえばいいだけです。本書で「一気にやっていいんだよ」と英語のプロが伝えることには意味があるはずです。みなさんにもここで一度、腹をくくって、1ヵ月だけ気合を入れて「実行」してほしいのです。

きっと世界が変わりますよ。

関　正生

1000単語の選定方針

　今は小学校でも英語の授業があるので、何が中学レベルなのかあいまいなところもあります。そこで、本書の単語の選定方針を以下に示します。本書に収録した単語は３つに分類できます。

(1)メイン単語900個：各ZONEに180個ずつ

「中学校の教科書レベル」の単語です。ですから、各ZONEで180個ずつ、５つのZONEの合計で900個の中学レベルで重要な単語を載せています。ちなみに、高校入試用の単語帳には1800個ほどの本が多いですが、これは難関私立高校が高校範囲の単語を容赦なく入試問題に出すので、そういった単語を含めているためです。本書では、純粋な意味での中学単語（教科書で扱う単語・公立高校入試で必要とされる単語）をターゲットにしています。

(2)オリジナルのセレクト単語100：各ZONEに20個ずつ

　ただ教科書レベルの単語を載せるだけでもいいのですが、せっかくなので各ZONEに20個、オリジナルのセレクトで単語を載せました。それらは教科書や従来の単語帳に掲載されているといったこととは一切関係なく、中学生レベルの英語で知っておくと便利で役立つ単語です。最近の高校入試の長文や英作文対策・外国人旅行者への日本紹介・海外の友達との話などでも活躍してくれる単語です。

(3)巻末の「ふろく」の単語

　dogやcatなど、英語を勉強しなくても知っているような超初歩的な単語は最後にまとめて載せて、この1000単語の中には入らないようにしてあります。余裕ができたときにチェックしてみてください。もちろん、このあたりの単語が心配な人は、この一覧も1000単語メソッドを使って覚えてもいいでしょう。

🔩 世代別の想定読者

①大学生・社会人　「大人のやり直し」として、中学範囲の単語を短期で片付けてしまいたい人。英語に自信はなくても、「さすがにdogとかは知ってるから、良い単語帳ないかなあ」と思っている人。

②高校生　１ヵ月で中学の復習を一気にしたい高校生。ボクは「スタディサプリ」で動画講義を行っていますが、ボクが担当する中学生向けの授業を、全国でたくさんの高校生も見ています。ですから高校生にも役立つものとなるはずです。

③中学生　これから習う単語も含めて、単語だけ１ヵ月で覚えてしまおうという中１、中２生。また、高校入試前に基本英単語を総チェックしておきたい中３生。

単語を覚えるメカニズム①

▶ 典型的な失敗パターン

みなさんが今から新しい単語帳にチャレンジすることを決意したとします。その単語帳には1000個の英単語が載っています。では、そこで質問です。

Q 「1日に何個ずつ」進める計画を立てますか？

この質問を予備校で高校3年生に聞くと、だいたいが以下の回答です。
「1日10個」「20個ずつ」
9割以上の人が10〜20個程度ずつと答えます。でも、実はここに失敗があるんです。

1日10個ずつやると、1000個終えるためには（1日もサボらずにやっても）100日かかります。20個でも50日かかりますね。

もちろん1回で覚えることなど人間にはできませんから、1日に20個ずつ取り組んでも、51日目にはまた最初の単語に戻りますね。そこで2つ目の質問です。

Q 「初日にやった20個の単語」のうち、51日後は「何個を覚えている」と思いますか？

これも予備校でたくさんの生徒に聞いた質問です。みんなこう言うんです。
「5、6個」「半分（10個）はいかないかな」

…絶対にウソだ！

いいですか、50日も間隔が空くんです。50日前にやった単語なんて普通は絶対に思い出せませんよ。たとえばボクが高校生だとして、ある日、20個の単語に取り組み、50日してからチェックしたら…。覚えているのは、たぶんゼロか1個です。2個あれば奇跡だと思います。

人間の記憶力なんて、そんなもんなんです。みなさんがこの本を読んでいる今日は、何月何日ですか？ 今日から50日前の日をスマホのカレンダーでチェックしてみてください。その日に覚えた英単語を、今日までしっかり覚えてる自信があるでしょうか？　ボクならまったくありません。

※たとえば、この原稿を書いているのが10月14日なんですが、50日前が真夏で気温が37度とかだったことすら、今となっては信じられないくらいです。50日って長いですよね。

単語を覚えるメカニズム②

▶ 期間を空けたらアウト

　暗記モノの最大のポイントは「ウロ覚えを繰り返す」ことです。暗記というのは気合を入れて「覚えるぞ！忘れないぞ！」と思っても忘れるものなのです（むしろリキみすぎるときほど頭に入りにくい気がします）。

　ですから「忘れてもいいから、短期間のうちに何度も繰り返す」方法のほうが効果があるはずです。つまり、ウロ覚えでいいので、何度も繰り返すのがいいのです。

　この「ウロ覚えの反復」が、1000単語習得法の最大のポイントになります。「とにかく短期間でたくさんの単語を繰り返し目に焼き付ける」のが大切です。

　先ほど、1日20個だと50日も間隔が空くのでNGだと話しましたね。

1日20個 × 50日 ＝ 1000個

これだとうまくいかないのであれば、ちょっと式を変えてしまいましょう。

20 × 50 ＝ 1000→20 × 10 × 5 ＝ 1000→200 × 5 ＝ 1000

これでいきましょう。つまり以下のようになります。

1日200個 × 5日 ＝ 1000個

これで暗記の間隔が空かなくなります。5日で1周するわけですから、6日目はまた最初の単語に戻れるわけです。

▶「1ヵ月に6回」という黄金ルール

　もちろん、みなさんが心配になるところはわかります。
「200個もできるわけない！」

　これですよね。これについては後ほど詳しく話します（007〜008ページ）ので、まずは「1ヵ月で6セット繰り返す」ことの大切さを語らせてください。この「1ヵ月に6回繰り返す」というのがポイントです。単語は1、2度見ただけでは覚えられないのが普通です。ですから「短期間で何度も繰り返す」必要があるわけですが、ボクが英語を教えてきた経験から「ベストだ！」と考えたのが、「1ヵ月に6回繰り返せば覚える」というものです。これで大半（90％〜100％）の英単語の意味がスラスラ出てくるようになります。

「なんだよ、100％じゃないのかよ！」なんて言わないでください。人間のやることですから、そこまでうまくはいきません。でも90％だって、すごい数字ですよ。1ヵ月で900個の単語を覚えられるなんて、奇跡だと思われていることですよね。

1000単語メソッドとは？

▶ 具体的な方法

「1日200個×5日」で1セットです。5日で1セットですから、6日目からは2セット目（つまり1日目にやった最初の200個に戻る）に入ります。これをひたすら6セット繰り返します。

⚙ 「1日200個×5日」を6セット繰り返す

1セット目	1日目 ZONE 1 (1番〜200番)	2日目 ZONE 2 (201番〜400番)
	3日目 ZONE 3 (401番〜600番)	4日目 ZONE 4 (601番〜800番)
	5日目 ZONE 5 (801番〜1000番)	まずは1セット、おつかれさま!

2セット目	6日目 ZONE 1 (1番〜200番)	7日目 ZONE 2 (201番〜400番)
	8日目 ZONE 3 (401番〜600番)	9日目 ZONE 4 (601番〜800番)
	10日目 ZONE 5 (801番〜1000番)	ここまでが、かなり大変。

3セット目	11日目 ZONE 1 (1番〜200番)	12日目 ZONE 2 (201番〜400番)
	13日目 ZONE 3 (401番〜600番)	14日目 ZONE 4 (601番〜800番)
	15日目 ZONE 5 (801番〜1000番)	まだまだ覚えられないのがふつう。

4セット目	16日目 ZONE 1 (1番〜200番)	17日目 ZONE 2 (201番〜400番)
	18日目 ZONE 3 (401番〜600番)	19日目 ZONE 4 (601番〜800番)
	20日目 ZONE 5 (801番〜1000番)	少し手ごたえがあるかも…。

5セット目	21日目 ZONE 1 (1番〜200番)	22日目 ZONE 2 (201番〜400番)
	23日目 ZONE 3 (401番〜600番)	24日目 ZONE 4 (601番〜800番)
	25日目 ZONE 5 (801番〜1000番)	手ごたえが感じられるはず!

6セット目	26日目 ZONE 1 (1番〜200番)	27日目 ZONE 2 (201番〜400番)
	28日目 ZONE 3 (401番〜600番)	29日目 ZONE 4 (601番〜800番)
	30日目 ZONE 5 (801番〜1000番)	これで完成!

この方法で、必ず5日に1回は同じ英単語に目を通すことになります。

▶「1時間100個ペース」

　先ほど「1日に200個に取り組む」と言いましたが、何も1日に200個の単語を「覚える」必要はありません。そんなことは不可能です。あくまで完成は1ヵ月後です。

　まずは「ウロ覚え」でOKなんです。 1日のノルマ（200個）をウロ覚えで構わないので、どんどん進めていってください。

　では、どの程度を「ウロ覚え」と判断すればいいのでしょうか？

　ボクがこの方法で理想だと思うウロ覚えは、ズバリ「1時間100個ペース」です。

　1時間で100個というのは、やってみればわかりますが、けっこうテキパキと進めないとすぐに時間が足りなくなってしまいます。

　ですが、それでいいんです。もちろん100個に対して、3時間も4時間も使えるなら理想ですが、現実的ではありませんよね。なので、以下の目安を参考にしながら進めてみてください。

🔧 ウロ覚えの目安

> ① 今この瞬間「覚えた！」と思ったら、すぐに次へ進んでOK！
> ② 最初から知ってる単語は即ムシする。
> ③ 簡単な単語は数秒目を通す。
> ④ 難しい単語はじ〜っくりと。
> ⑤「書く」「書かない」はみなさんの自由。書く場合、回数はどうでもいい。

　1時間に100個ペースで進めるわけですが、1日のノルマは200個なので、1日に使う時間は「2時間」です。

▶「１時間後にテストが待ってる」つもりで

「１時間100個ペース」でわかりやすいイメージが、「１時間後に単語テストがある」と想像することです。

⚙ イメージ

> 今、単語100個のリストを渡されました。今は何時ですか？ 時計を見て、今からジャスト１時間後に、その100個の単語テストがあります。
> では１時間の自習タイム、スタートです！

これでどうやればいいのか、想像がつくと思います。

　１時間後にテストが待っているわけですから、知ってる単語なんてどうでもいいですよね。知らない単語には時間をかけますね。でもかけすぎると全部終わらないから、とりあえず次に進みますよね。そんなときに「何回書いたらいいんですか？」なんて質問はしませんよね。その時間だって惜しいはずです。

　で、一生懸命やって100番目まで行って、時計を見たら50分たっていた。まだ10分残っているわけですから、最初に戻って、忘れていそうな単語をまた確認するはずです。

　… こんなイメージで進めれば、余計な雑念・疑問も出てきません。とにかくやるだけです。

　先ほども言いましたが、100個の単語に１時間ではなく、２時間でも３時間でもかけたほうが効果はあります。でも、さすがにそこまで単語に時間を割くことはできないと思います。
　かといって、30分しかかけないようでは、ウロ覚えすぎて、効果が出ません。やはり、１時間はかけてほしいところです。

▶ 絶対に気をつけるべきこと

> **Q**
> 「succeed→成功する」それとも「成功する→succeed」どっちの順?

A 「succeed→成功する」の順番で覚えます。英語を見て日本語が出ればOKということです。

経験的にわかるでしょうが、「英語→日本語」のほうが断然ラクに覚えられます。

とある有名な言語学者によると、「英語→日本語」の労力に対して、その逆「日本語→英語」は4倍の労力がかかるそうです。その言語学者の理論を利用して考えると、みなさんは、次のどっちを手に入れたいですか?

① 英語を見た瞬間に意味がわかる単語を1000個
② 日本語を見て英語まで言える単語を250個

これが同じ労力なら、ボクは①です。まずは、英語を見て意味が浮かぶ単語の数を増やしていくほうが、英語の勉強は順調に進みます。

「日本語を見ても英語が出るようにしたほうがいい」
「つづりもちゃんと書けたほうがいい」

世間ではいろいろな方法が言われていますが、単語を覚えるときに「〜したほうがいい」ということを考え出したらキリがありません。「〜したほうがいい」ではなく、「〜しなきゃいけない」ことだけに集中してください。「〜したほうがいい」ことまでをやりながらマスターできるほど、単語は簡単なものではないことは、もうみなさんが知っていることだと思います。

まだ意味も言えない段階で、「英作文のときに困るから、日本語を見て英語を言えたほうがいい」とか「つづりもきちんと書けたほうがいい」など、考えないほうがいいですよ。それは「まず意味を覚えてから」ですね。

Q

この本って、単語の訳語が１つだけのものが多いけど、それでいいの？

A　それでいいんです。

　１つの英単語につき、１つの訳語だけを覚えていくのが理想です。

　辞書はもちろん、単語帳も情報量を競うようになってしまい、いくつもの日本語訳を載せるのが当たり前と思われています。しかしよく見てみると、同じ意味の訳語が羅列されていることが非常に多いのです。たとえば、decideという単語の訳語に「決める・決断する・決心する・〜を決める」と書いてある単語帳は少なくありません。最初の「決める」と最後の「〜を決める」の違いは、「〜を」をつけることで、「他動詞の用法もありますよ」と示しているのですが、単語帳を使っている人の一体何％の人がそれを意識して取り組んでいるのでしょうか？　ボクの予備校講師の経験から言えば、絶対に１％もいないはずです。まずは意味を覚えるのに最も効率の良い方法をとるべきです。

　また、異なる意味があっても、やはりまずは１つに絞るべきです。

　というのも、**欲張ってたくさん覚えようとすると、結局どれも覚えられない**からです。まず１つの意味をしっかり覚えることで、その単語に対する「記憶の土台」ができあがります。その土台がしっかりしていないと、時間がたてば意味をすぐに忘れてしまう、ということになるわけです。

　まずは土台をしっかり作り、その後で別の意味で出てきたときに、その新たな意味を覚えればいいのです。しかもそういうときは、「今までと違う！」というショックや、「あ、この単語にこんな意味もあるんだ♪」という感動で、記憶に残りやすくなるのです。

Q

派生語とかも載ってないけど…。

A　それでいいんです。

　単語帳の話をすると、必ず次の質問が出ます。

「派生語（名詞形・形容詞形など）」も一緒に覚えるほうがいいの？」

「同意語・反意語もチェックすべき？」

こういった質問に、多くの英語の先生が「そうしたほうがいい」と言います。

でもボクの答えはハッキリしています。

すべて「ノー!!」です。

そもそも**「意味を覚える」のが最優先**のはずですよね。ならばその目標の最短経路を進むべきです。

でも実際、いくらこう言ったところで、ほぼ全員の受験生が「無視できない」んです。単語帳に書いてあると、つい「なんかもったいない」みたいな心理が働き、ついつい見てしまうんです。確かに、学校ではそういう生徒がほめられますよね。

たくさんの情報が載っているほうが親切に見えますよね。だから、本ではそういう情報を載せないと、「なんか手を抜いてそう」とか「もっと情報量がほしい」なんて言われて、買ってもらえない可能性も上がります。

でも覚えられないなら意味がないですよね。だからこの本では、そういった情報は原則すべてカットしました。みなさんが単語を覚えるのに集中できるよう、そぎ落としました。

この本を使ってくれる人の効率が一番よくなるように、見栄えより、中身をとりました。絶対に効率が上がるはずですよ。

Q　覚えるときは「書きながら」がいいの？

A　書いても書かなくても、どっちでもOKです。

書いて覚えるか、目で見るだけで覚えるかは好みの問題です。

簡単な単語は目で見るだけで十分でしょう。逆に、難しい単語や何回見ても覚えられない単語ってありますよね。そういうときは何回でも書きましょう。

書く場合は「何回書くか」を絶対に決めないでください。

回数を決めるとノルマのようになってしまい、「今、何回書いたか」に意識がいってしまいます。**すべての集中力は単語に向けるべきです。**

1回書いて覚えられるなら、それでOKですし、10回くらい書いても覚えられなければ、もっと書けばいいだけです。

> **Q** 「つづり」も正しく書けないといけないよね？

A つづりもきちんと書けるのが理想ではありますが、一番大事なのは「意味がわかること」ですから、1000単語メソッドではつづりを重視しません。

つづりを捨てることで、1000個の単語の意味がわかるという理想の状態に少しでも早く・確実に到達できることを目指します。

なぜか初級段階では、WednesdayやFebruaryなんかが書けることが重視されますが、そこにパワーを使うなら、意味の理解に力を使ったほうがいいです。

ただ、この本を（現役の）中学生が使うことも想定して、中学校の試験でつづりが問われたときにミスしやすい単語（今までの指導経験をもとにして）には✎マークをつけておきました。

> **Q** （1日に200個に取り組むとき）知らない単語だけで200個、それとも知ってる単語も含めて200個？

A 単語の数は「知っている単語も"含めて"200個」です。知らない単語だけ200個をピックアップするのは時間がかかります。その時間を覚えることにまわしたほうがいいでしょう。

よって、その日に取り組む単語の中に知っている単語があれば、「今日はラッキーだな」くらいに考えればOKです。

その他にも、疑問が出てくるかもしれませんが、そのときは「1時間後にテストがある」つもりで考えてみてください。そうすれば、「あ、こんなことしてる場合じゃないや」と冷静になれますので。とにかく目の前の単語を覚えることに集中することが一番大事です。

1000単語メソッド達成のために工夫できること

▶ どう時間を作るか？

「1日200個」と「1時間100個ペース」ということは、「1日に2時間」も単語に費やすことになるのでしたね。これは大変なことです。ですから、ボクは予備校でこの話を夏休みの最初にすることが多いんです。学校があるときに、そんなに時間を使うことはかなり難しいからです。

では社会人はどうするか？
長期休暇を利用できればベストですね。年末年始・ゴールデンウィーク・お盆休みを利用するのがいいでしょう。

とにかく「最初の1セット」をやるんです。

というのも、最初の1セットをやれば、続けないともったいないので、いやでもヤル気になると思います。「あんなにやったのが無になるのか…」と思うと、意外と続きます（ボクはいつもそう思ってます）。

▶ 「一気に2時間」やる必要はない！

1日に2時間といっても、一気に120分ノンストップでやる必要はありません。むしろ集中力を欠いて効率が悪くなります。

1時間×2回、30分×4回、20分×6回に分けてもOKです。仕事があっても、30分×4に分割すれば、「朝30分、昼休みに30分、帰りのカフェで30分、寝る前に30分」などと工夫できるのではないでしょうか。

さすがに、10分×12回などは細かく分けすぎで、頭が「単語モード」になりきれないうちに10分たってしまう気がしますので、あまり勧めませんが。

いずれにせよ、「やること」が一番大事なので、「続けやすい」やり方でOKです。ちなみにボクが高校生のときは、調子がよければ「1時間×2回」で、ヤル気がないときは「30分×4回」でやっていました。

▶ 手ごたえは「5セット目」から

この方法でツラい期間は「1セット目〜4セット目まで」です。ここまでは1日2時間使いますし、まったく効果が出ないんです。たとえば3セット目あたりで、「もう結構覚えているんじゃないかな」なんて期待しますが、全然覚えてなくて愕然（がくぜん）とします。

早い人で、4セット目から微妙に手ごたえを感じますが、基本4セット目でもほとんど覚えてないと思ってください。

そして、5セット目からかなりの効果を感じるはずです。6セット目でブレイクします。

実はこれ、ボクが高校生のときの経験なんです。4セット目までは覚えていなくても、5〜6セット目からブレイクしたという経験です。

大学に入ってフランス語でも同じやり方をして、同じ効果が出ています。

さらにその後、予備校で教えるようになって、すべての生徒に教えてきましたが、みんな同じようなブレイクのしかたでした。英語が大キライで赤点の高校生だって、ハイパー進学校で最後は東大医学部に進学した生徒だって、みんな5〜6セット目でブレイクしました。

たまに「あまりにも英語が嫌い」という生徒もいて、少し遅れはしましたが、それでも7〜8セット目でブレイクしてます（そこまでいけば、1、2セットの追加はさほど時間を要しませんのでご安心を）。

そして、中学生にも、50代の社会人にも教え続けていますが、結果はまったく同じです。

こういった経験から、自信を持ってこのメソッドをおすすめします。

ただし、4セット目が終わるまでは「我慢」です。耐えてください。4セット目までにボクに対するみなさんの不信感はマックスに達しますが、それでも続けてください！

そして4セット目まで続ければ、勝負アリです。5セット目からは2時間もかかりませんし、何より効果が出始めるので、楽しくて続けられるものです。

じっくり取り組むのに最適な「ノートサイズ」

　単語帳といえば、小さいものが定番です。電車の中でも使えるものということでしょう。しかしこの本は、腰を据えてじっくり取り組んでほしいので、使いやすさ・見やすさを考えてのノートサイズです。

　ぜひお気に入りのカフェや家族が寝静まったダイニングで、好きなものを飲みながらノートを開いてみてください。小さいものより、ノートタイプのほうが、「よしっ！」と気持ちが引き締まる気がします。

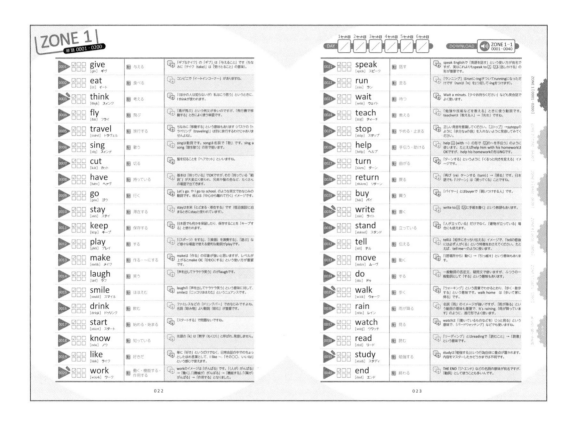

「1ヵ月1000単語習得メソッド」に最適な「スッキリしたレイアウト」

　この本では、派生語などの情報はもちろん、例文もカットしました。

　いつからか単語帳は情報量を競うようになってしまいましたが、余分な情報が視界に入った瞬間にノイズとなります。単語の意味を覚えるという行為をジャマする可能性があるのです。この本では徹底的に情報を絞りました。

つづりに注意すべき単語をピックアップ

中学校の試験などでつづりが問われやすい単語です。

単語の意味の頭についているアイコンの意味は以下のとおりです。

動：動詞　　形：形容詞　　名：名詞　　副：副詞
助：助動詞　　疑：疑問詞　　接：接続詞
前：前置詞　　代：代名詞

勉強した日を記録しておきましょう。

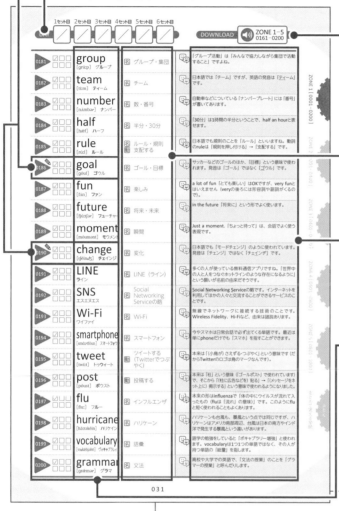

| | DAY | 1セット目 | 2セット目 | 3セット目 | 4セット目 | 5セット目 | 6セット目 |

DOWNLOAD　ZONE 1-5　0161-0200

0181		group [grúːp] グループ	名	グループ・集団		「グループ活動」は「みんなで協力しながら集団で活動すること」でしょ。
0182		team [tíːm] ティーム	名	チーム		日本語では「チーム」ですが、英語の発音は「ティーム」です。
0183		number [nʌ́mbər] ナンバー	名	数・番号		自動車などについている「ナンバープレート」には「番号」が書いてあります。
0184		half [hǽf] ハーフ	名	半分・30分		「30分」は1時間の半分ということで、half an hourと表せます。
0185		rule [rúːl] ルール	名	ルール・規則 支配する		日本語でも規則のことを「ルール」といいますね。動詞のruleは「規則を押し付ける」→「支配する」です。
0186		goal [góʊl] ゴウル	名	ゴール・目標		サッカーなどのゴールのほか、「目標」という意味で使われます。発音は「ゴール」ではなく「ゴウル」です。
0187		fun [fʌ́n] ファン	名	楽しみ		a lot of fun「とても楽しい」はOKですが、very funとはいえません（veryの後ろには形容詞や副詞がくるので）。
0188		future [fjúːtʃər] フューチャー	名	将来・未来		in the future「将来に」という形でよく使います。
0189		moment [móʊmənt] モウメント	名	瞬間		Just a moment.「ちょっと待って」は、会話でよく使う表現です。
0190		change [tʃéɪndʒ] チェインジ	名	変化		日本語でも「モードチェンジ」のように使われています。発音は「チェンジ」ではなく「チェインジ」です。
0191		LINE ライン	名	LINE（ライン）		多くの人が使っている無料通信アプリですね。「世界中の人と人とをつなぐホットラインのような存在になるように」という願いが名前の由来だそうです。
0192		SNS エスエヌエス	名	Social Networking Serviceの略		Social Networking Serviceの略です。インターネットを利用してほかの人々と交流することができるサービスのことです。
0193		Wi-Fi ワイファイ	名	Wi-Fi		無線でネットワークに接続する技術のことです。Wireless Fidelity、Hi-Fiなど、由来は諸説あります。
0194		smartphone [smάːtfòʊn] スマートフォウン	名	スマートフォン		今やスマホは日常会話で必ず出てくる単語です。最近は単にphoneだけでも「スマホ」を指すことができます。
0195		tweet [twíːt] トウィート	名	ツイートする（Twitterでつぶやく）		本来は「(小鳥が)さえずる/つぶやく」という意味です（だからTwitterのロゴは鳥のマークなんです）。
0196		post [póʊst] ポウスト	名	投稿する		本来は「柱」という意味（「ゴールポスト」で使われています）で、そこから「(柱に広告などを)貼る」→「(メッセージをネット上に)掲示する」という意味で使われるようになりました。
0197		flu [flúː] フルー	名	インフルエンザ		本来の形はinfluenzaで「体の中にウイルスが流れて入ったもの（flu＝「流れ」の意味）」です。ただflu と短く使われることもよくあります。
0198		hurricane [hˈɚːrəkèɪn] ハリケイン	名	ハリケーン		ハリケーンも台風も、暴風という点は同じですが、ハリケーンはアメリカ南部周辺、台風は日本の南方やインド洋で発生する暴風という違いがあります。
0199		vocabulary [voʊkǽbjəlèri] ヴォキャブラリィ	名	語彙		語学の勉強をしていると「ボキャブラリー増強」と使われます。vocabularyは1つ1つの単語ではなく、その人が持つ単語の「総量」を指します。
0200		grammar [grǽmər] グラマー	名	文法		高校や大学での英語で「文法の授業」のことを「グラマーの授業」と呼んだりします。

ZONE 1 [0001-0200]

031

すべての単語の音声を収録

単語はすべて音声に収録しています（音声ダウンロードの手順はp.019を参照）。ネイティブの正しい発音を聞きながら、自分でも発音して覚えていきましょう。

赤シートを使って覚える！

本書に付属の赤シートで、単語の意味を隠しながら確実に覚えることができます。

記憶定着の効果抜群「ひと言コメント」

ただ単語を並べてスッキリ見やすくさせているわけではありません。「単語の意味を覚える」ために大きな助けとなるコメントをつけました。記憶のフックとなるはずです。

オリジナルのセレクト単語も掲載！

最近の入試傾向やトレンドを踏まえて、知っておくと必ず役立つ単語をセレクトして掲載しています。

モチベーションが保てる！

1ヵ月メソッドの途中でくじけないよう、モチベーションを保てるパワーメッセージを掲載しています。

1000語覚えれば、世界が変わる

Rise your Motivation！

理想は1ヵ月1000個です。少なくともボクの生徒はこれで成功しています。社会人の方は現実的にさっきのアレンジで、まず1回目の目標を達成してください。それを数回やって1000個達成した時点で、みなさんの英語学習に革命が起きます。

世界が変わります。

白黒だった英語の世界が、色鮮やかな vivid な世界に変わります。

テンション上がって、空を見上げて「雲が綺麗」とか思いますし、スキップしちゃいますし、なんなら道端で花や小鳥に話しかけるかもしれません。

それぐらい大きな変化が起きますよ。ホントに。

040

400 / 1000 単語

ZONE 2
単語 0201-0400

1か月メソッド

1日	6日	11日

16日	21日	26日

にやるべき ZONE のはじまりです

041

各ゾーンの最後は定着のための確認テスト

200単語の勉強を終えたら、覚えているかどうかを確認テストでチェックすることができます。余裕がある人はぜひやってみてください。何問できたかを記録しておくと、自分のステップアップ度が確認できて楽しくなります。

巻末には超初歩的な単語やまとめて覚える単語を掲載

曜日や食べ物など、超初歩的で身近な単語をまとめて掲載しています。「当然意味はわかる！」という人も、スペルの再確認や正しい発音を聞くなどして、役立てることができます。

2. 基本単語や身の回りの単語

「月名」「曜日」「数字」など、身の回りの単語ですでに知っている単語、どこかで耳にしたことがある単語はまとめて覚えた方が効率的なものがたくさんあります。もし1000単語が終わって余裕があればチェックするのに利用してみてください。

① 曜日など

必ず最初の文字は大文字です。また、「〇曜日に」というときは "on+ 曜日" のように、前置詞はon を使います（この on は「依存」で、英語圏の人は曜日に頼って行動することに由来しています）。ちなみに Sun. や Mon. のように、最初の3文字のみで表記されていることもあります。

☐ Sunday	[sʌ'ndei]	サンデイ	名	日曜日
☐ Monday	[mʌ'ndei]	マンデイ	名	月曜日
☐ Tuesday	[tjúːzdei]	チューズデイ	名	火曜日
☐ Wednesday	[wénzdei]	ウェンズエイ	名	水曜日
☐ Thursday	[θə'ːrzdei]	サーズデイ	名	木曜日
☐ Friday	[fráidei]	フライデイ	名	金曜日
☐ Saturday	[sæ'tərdi]	サタデイ	名	土曜日
☐ week	[wíːk]	ウィーク	名	週

② 月

曜日と同様に最初の文字は必ず大文字にします。「〇月に」というときは前置詞 in を使います（この in は「時の包囲」の意味）。

☐ January	[dʒæ'njuèri]	ヂャヌワリィ	名	1月
☐ February	[fébruèri]	フェブラリィ	名	2月
☐ March	[mɑ'ːrtʃ]	マーチ	名	3月
☐ April	[éiprəl]	エイプリル	名	4月
☐ May	[méi]	メイ	名	5月
☐ June	[dʒúːn]	ヂューン	名	6月
☐ July	[dʒuːlái]	ヂュライ	名	7月
☐ August	[ɔ'ːɡəst]	オーガスト	名	8月
☐ September	[septémbə]	セプテンバー	名	9月
☐ October	[ɔktóubər]	オクトーバー	名	10月
☐ November	[nouvémbər]	ノヴェンバー	名	11月
☐ December	[disémbər]	ディセンバー	名	12月
☐ month	[mʌ'nθ]	マンス	名	(1ヵ月などの)月

▶ 音声ダウンロードの手順

本書の🔊マークの右にある数字が音声ファイル内のトラック番号です。

1 パソコンかスマートフォンで音声ダウンロード用のサイトに（下記A、Bいずれかの方法で）アクセスします。

A　QRコード読み取りアプリを起動し、QRコードを読み取ってください。

B　QRコードが読み取れない方はブラウザ（https://audiobook.jp/exchange/kanki）にアクセスしてください。

※上記以外からアクセスされますと、無料のダウンロードサービスをご利用いただくことができませんのでご注意ください。

※URLは「www」などの文字を含めず、正確にご入力ください。

2 表示されたページから、audiobook.jpへの会員登録ページに進みます。

※音声ダウンロードには、audiobook.jpへの会員登録（無料）が必要です。

※既にアカウントをお持ちの方はログインしてください。

3 会員登録後、1のページに再度アクセスし、シリアルコードの入力欄に「74855」を入力して「送信」をクリックします。

4 「ライブラリに追加」のボタンをクリックします。

5 スマートフォンの場合はアプリ「audiobook」をインストールしてご利用ください。パソコンの場合は「ライブラリ」から音声ファイルをダウンロードしてご利用ください。

※ファイル名の次の「E」は英語のみ、「EJ」は英語＋日本語であることを示しています。

ご注意

- ダウンロードにはaudiobook.jpへの会員登録（無料）が必要です。
- パソコンからでもiPhoneやAndroidのスマートフォンからでも音声を再生いただけます。
- 音声は何度でもダウンロード・再生いただくことができます。
- 書籍に表示されているURL以外からアクセスされますと、音声をご利用いただけません。URLの入力間違いにご注意ください。
- ダウンロードについてのお問合せ先：info@febe.jp（受付時間：平日の10時〜20時）

もくじ

ZONE 1
単語 0001-0200

ZONE 2
単語 0201-0400

ZONE 3
単語 0401-0600

ZONE 4
単語 0601-0800

ZONE 5
単語 0801-1000

ZONE 1

単語 0001 - 0200

1ヵ月1000単語習得メソッド

日付を記入して
おきましょう！

1日目

6日目

11日目

16日目

21日目

26日目

にやるべき ZONE のはじまりです

0001	☑☐☐ ☐☐☐	**give** [gív] ギヴ	動 与える	「ギブ＆テイク」の「ギブ」は「与えること」です（ちなみに「テイク（take）」は「受けとること」の意味）。
0002	☑☐☐ ☐☐☐	**eat** [íːt] イート	動 食べる	コンビニで「イートインコーナー」がありますね。
0003	☑☐☐ ☐☐☐	**think** [θíŋk] スィンク	動 考える	「（ほかの人は知らないが）私はこう思う」というときに、I think が使われます。
0004	☑☐☐ ☐☐☐	**fly** [flái] フライ	動 飛ぶ	「鳥が飛ぶ」という例文が多いのですが、「飛行機で移動する」ときによく使う単語です。
0005	☑☐☐ ☐☐☐	**travel** [trǽvl] トラヴェル	動 旅行する	ちなみに「移動する」という意味もあります（バスケの「トラベリング（traveling）」は別に旅行するわけじゃありませんよね）。
0006	☐☐☐ ☐☐☐	**sing** [síŋ] スィング	動 歌う	sing は動詞です。song は名詞で「歌」です。sing a song「歌を歌う」の形で使います。
0007	☐☐☐ ☐☐☐	**cut** [kʌ́t] カット	動 切る	髪を切ることを「ヘアカット」といいますね。
0008	☐☐☐ ☐☐☐	**have** [hǽv] ヘァヴ	動 持っている	基本は「持っている」でOKですが、その「持っている"範囲"」が大変広く使われ、兄弟や髪の色など、たくさんの場面で出てきます。
0009	☐☐☐ ☐☐☐	**go** [góu] ゴウ	動 行く	Let's go. や I go to school. のような英文でおなじみの動詞です。核心は「中心から離れて行く」イメージです。
0010	☑☐☐ ☐☐☐	**stay** [stéi] ステイ	動 滞在する	stay は本来「とどまる・滞在する」です（宿泊施設に泊まるときに stay と使われています）。
0011	☑☐☐ ☐☐☐	**keep** [kíːp] キープ	動 保存する	日本語でも何かを保留したり、保存することを「キープする」と使われます。
0012	☑☐☐ ☐☐☐	**play** [pléi] プレイ	動 する	「（スポーツ）をする」、「（楽器）を演奏する」、「遊ぶ」など様々な場面で使える便利な動詞が play です。
0013	☑☐☐ ☐☐☐	**make** [méik] メイク	動 作る・〜にする	make は「作る」の印象が強いと思いますが、レベルが上がると make OC「OをCにする」という使い方が重要です。
0014	☑☐☐ ☐☐☐	**laugh** [lǽf] ラフ	動 笑う	「声を出してケラケラ笑う」のが laugh です。
0015	☑☐☐ ☐☐☐	**smile** [smáil] スマイル	動 ほほえむ	laugh の「声を出してケラケラ笑う」という意味に対して、smile は「ニッコリほほえむ」というニュアンスです。
0016	☑☐☐ ☐☐☐	**drink** [dríŋk] ドゥリンク	動 飲む	ファミレスなどの「ドリンクバー」でおなじみですよね。名詞「飲み物」より動詞「飲む」が重要です。
0017	☑☐☐ ☐☐☐	**start** [stáːrt] スタート	動 始める・始まる	「スタートする」で問題ないですね。
0018	☑☐☐ ☐☐☐	**know** [nóu] ノウ	動 知っている	先頭の「k」は「黙字（もくじ）」と呼ばれ、発音しません。
0019	☑☐☐ ☐☐☐	**like** [láik] ライク	動 好きだ	単に「好き」というだけでなく、日常会話の中でのちょっとしたほめ言葉として、I like 〜.「その〇〇、いいね!」という感じで使えます。
0020	☑☐☐ ☐☐☐	**work** [wə́ːrk] ワーク	動 働く・機能する・作用する	work のイメージは「がんばる」です。「（人が）がんばる」→「働く」、「（機械が）がんばる」→「機能する」、「（薬が）がんばる」→「作用する」となりました。

DAY

No.	単語	品詞	意味	解説
0021	speak [spíːk] スピーク	動	話す	speak Englishで「英語を話す」という使い方が有名ですが、実はこれよりもspeak to 囚 「囚に話しかける」の形が重要です。
0022	run [rÁn] ラン	動	走る	「ランニング」はrunに-ingがついてrunningになっただけです（runは「n」を1つ足して-ingをつけます）。
0023	wait [wéit] ウェイト	動	待つ	Wait a minute. 「少々お待ちください」なども英会話でよく使います。
0024	teach [tíːtʃ] ティーチ	動	教える	「勉強や技術などを教える」ときに使う動詞です。teacherは「教える人」→「先生」ですね。
0025	stop [stÁp] スタップ	動	やめる・止まる	正しい発音を意識してください。「ストップ」→sutopuのように「余分なuの音」を入れないように発音してみてください。
0026	help [hélp] ヘルプ	動	手伝う・助ける	help 囚 (with 〜) の形で「囚の〜を手伝う」のように使います。たとえばhelp him with his homeworkはOKですが、help his homeworkの形はNGです。
0027	turn [táːrn] ターン	動	曲がる	「ターンする」というように「くるっと向きを変える」イメージです。
0028	return [ritáːrn] リターン	動	戻る	「再び (re) ターンする (turn)」→「戻る」です。日本語でも「リターン」は「戻ってくる」ことですね。
0029	buy [bái] バイ	動	買う	「バイヤー」とはbuyerで「買いつけする人」です。
0030	write [ráit] ライト	動	書く	write to 囚 「囚に手紙を書く」という熟語もあります。
0031	stand [stǽnd] スタンド	動	立っている	「人が立っている」だけでなく、「建物が立っている」場合にも使えます。
0032	tell [tél] テル	動	伝える	tellは「相手にきっちり伝える」イメージで、「tellの直後には必ず人がくる」という特徴をおさえてください。たとえば、tell me〜のように使います。
0033	move [múːv] ムーヴ	動	動く	「(居場所から) 動く」→「引っ越す」という意味もあります。
0034	do [dúː] ドゥ	動	する	一般動詞の否定文、疑問文で使いますが、ふつうの一般動詞として「する」という意味もあります。
0035	walk [wɔ́ːk] ウォーク	動	歩く	「ウォーキング」という言葉でわかるとおり、「歩く・散歩する」という意味です。walk home は「歩いて家に帰る」です。
0036	rain [réin] レイン	動	雨が降る	名詞「雨」のイメージが強いですが、「雨が降る」という動詞の意味も重要で、It's raining. 「雨が降っています」のように、進行形でよく使います。
0037	watch [wátʃ] ウワッチ	動	見る	watchは「(動いているものなどを) じっと見る」という意味で、「バードウォッチング」などでも使いますね。
0038	read [ríːd] リード	動	読む	「リーディング」とはreadingで「読むこと」→「読書」という意味です。
0039	study [stÁdi] スタディ	動	勉強する	studyは「勉強する」という行為自体に重点が置かれます。内容をマスターしたかどうかまでは不明です。
0040	end [énd] エンド	動	終わる	THE END 「ジ・エンド」などの名詞の意味が有名ですが、「動詞」として使うことも多いんです。

ZONE 1 [0001 - 0200]　ZONE 2 [0201 - 0400]　ZONE 3 [0401 - 0600]　ZONE 4 [0601 - 0800]　ZONE 5 [0801 - 1000]　まとめて覚える単語

ふろく

023

No.	単語	品詞・意味	解説
0041	**talk** [tɔ́ːk] トーク	動 話す	スマホアプリの "LINE" には、「トーク」という画面があります。ここからもわかるとおり、talkは「おしゃべりをする」イメージです。
0042	**show** [ʃóu] ショウ	動 見せる	道案内などの場面で行き先を「教える」ときにも使われます。
0043	**clean** [klíːn] クリーン	動 掃除する 形 きれいな	掃除機のことをvacuum cleanerといいます。動詞と形容詞のどちらも大切です。
0044	**call** [kɔ́ːl] コール	動 ～と呼ぶ・電話をかける	日本語で「コールする」というと「呼ぶ」「電話する」の両方の意味がありますが、英語も同じです。
0045	**begin** [bigín] ビギン	動 始める・始まる	「初心者」のことを「ビギナー (beginner)」といいますね。「始めたばかりの人」のことです。
0046	**open** [óupn] オウプン	動 開ける	発音は「オープン」ではなく「オウプン」です。
0047	**close** [klóuz] クロウズ	動 閉める 形 近い	最近は「店をクローズする」なんて使われています。動詞は「クロウズ」、形容詞のときは「クロウス」と発音します。
0048	**look** [lúk] ルック	動 見る	look at ～「～を見る」の形でよく使います。
0049	**say** [séi] セイ	動 言う	sayの核心イメージは「言葉を (そのまま) 発する」です。say "cheese" は「はい、チーズ」です。
0050	**try** [trái] トゥライ	動 試す	日本語でも「トライする」と使われます。前向きに動くニュアンスがあり、たとえばtry one's bestで「全力を尽くす」となります。
0051	**sleep** [slíːp] スリープ	動 眠る	go to bedは「床 (とこ) につく」で、文字どおり「起きている状態から眠る体勢に入る」ことです。sleepは「眠る」ということです。
0052	**finish** [fíniʃ] フィニッシュ	動 終える	マラソンなどの中継で「1位でフィニッシュ!」などといいますよね。
0053	**drive** [dráiv] ドゥライヴ	動 運転する	「ドライブする」と日本語にもなっていますが、drive自体が動詞だということに注意してください。
0054	**live** [lív] リヴ	動 住んでいる	自己紹介でよく使う単語です。「住んでいる」のほか「生きる」という意味もあります。
0055	**see** [síː] スィー	動 見える・会う	seeは本来「視界に入る」で、「見る」というより「見える」イメージです。
0056	**learn** [lə́ːrn] ラーン	動 学ぶ	核心は「学んで、習ってマスターする」です。「学習した結果、それを習得する」という意味です (studyは「学ぶ」だけで「マスター」まで含みません)。
0057	**arrive** [əráiv] アライヴ	動 到着する	arrive at[in] ～ のように使われます。We will soon be arriving at Hakata Terminal. 「間もなく博多駅に到着します」のように新幹線の車内放送で使われています。
0058	**love** [lʌ́v] ラヴ	動 大好きだ	「愛している」というと大げさに聞こえますが、「大好きだ」というニュアンスで多用されます。
0059	**want** [wánt] ワント	動 ほしい	I want you. 「君がほしい」は歌詞でも出てきますね。
0060	**need** [níːd] ニード	動 必要とする	I need you. 「君が必要なんだ」もよく歌詞に出てきますね。

0061	smell [smél] スメル	動 ～のにおいがする	直後に形容詞がきて「～のにおいがする」となります。食事の前にThis smells good!「いいにおい!」と使ってみてください。
0062	cook [kúk] クック	動 料理する	cookは主に「火を使って料理する」ときに使います。名詞「料理人」の意味もあり、発音は「コック」ではなく「クック」です。
0063	leave [líːv] リーヴ	動 出発する	leaveは本来「ほったらかす」という意味で、「場所をほったらかす」→「出発する」となりました。
0064	paint [péint] ペイント	動 (絵を)描く・ペンキを塗る	サッカーの応援などで顔をカラフルに塗ることを「フェイス(顔)ペイント」といいます。
0065	send [sénd] センド	動 送る	send 囚 物で「囚に物を送る」という形でよく使います。
0066	listen [lísn] リスン	動 聞く	listenの核心イメージは「注意して耳を傾ける」です。
0067	hear [híər] ヒア	動 聞こえる	hearのイメージは「耳に入ってくる」です。「自然に耳に入ってくる」ときにhearを使います。ですから英語の聞き取り試験は「ヒアリング」ではなく「リスニング」となるわけです。
0068	sit [sít] スィット	動 座る	sit down「座る」で有名ですね。
0069	fall [fɔ́ːl] フォール	動 落ちる	遊園地で「○○フォール」という乗り物は「上空から落ちる」イメージです。
0070	take [téik] テイク	動 とる・持っていく	「乗る」「する」などいろいろな意味がありますが「とる」から考えてください。お店で買うものを決めたときにI'll take it. (それにします)といいます。「買うものを手にとって持っていく」ということなんです。
0071	bring [bríŋ] ブリング	動 持ってくる	takeが「とる・持っていく」のに対して、bringは「持ってくる」となります。
0072	wash [wáʃ] ワッシュ	動 洗う	「水でバシャバシャ洗う」イメージです。
0073	snow [snóu] スノウ	動 雪が降る	雪の上をすべるための板をsnow board(スノーボード)といいます。rainと同じように名詞だけでなく「動詞」の意味が重要です。
0074	meet [míːt] ミート	動 会う	お互いに約束して「会う」というときなどにmeetを使います。「会議」のことをミーティング(meeting)といったりしますよね。「道でばったり会う」場合はseeを使います。
0075	use [júːz] ユーズ	動 使う	過去分詞usedには「使われた」→「中古の」という意味があります。
0076	sound [sáund] サウンド	動 ～のように聞こえる	動詞のsoundは後ろに形容詞を置いて「～のように聞こえる」という意味です。That sounds great!「それいいね!」は会話でもよく使う表現です。
0077	break [bréik] ブレイク	動 壊す	「物を壊す」だけでなく、「骨折する」にも使われます。また、「作業の流れを壊す」→「休憩」の意味もあります。
0078	enjoy [endʒɔ́i] エンジョイ	動 楽しむ	enjoy -ingで「～して楽しむ」という使い方が重要です。「ジョイ」を強く発音することで英語らしい音になります。
0079	practice [prǽktis] プラクティス	動 練習する	中学の教科書や公立高校入試の問題ではマジメな人ばかり登場するので、やたらと使われる単語です。
0080	come [kám] カム	動 来る	核心は「中心に向かっていく」です。必ずしも「来る」と訳されるとは限らず、「相手の所へ行く」場合には、I'm coming.「今、いくよ」となります。

0091〜0100はセレクト単語です。英会話で日本について説明するときに避けては通れない単語を集めました。日本のことを語るのは意外と簡単ではないので、まずはここで単語を確認してみてください。

0081	ask [ǽsk] アスク	動	たずねる	質問するときは、May I ask a question?「質問してもいいですか?」を使ってください。
0082	pass [pǽs] パス	動	渡す	スポーツの世界では「ボールをパスする」のようによく使いますね。本来は「渡す」という意味です。
0083	point [pɔ́int] ポイント	動	指さす・指摘する	「大事なポイントを指をさして指摘する」と覚えてください。
0084	draw [drɔ́ː] ドゥロー	動	(絵・図を)描く	本来は「引く」という意味で、「(線を)引く」→「描く」となりました。「引き分け」のことを「ドロー(draw)」といいますね。
0085	taste [téist] テイスト	動	〜の味がする	日本語で「テイスト」といえば、「味」という名詞ですが、英語では名詞よりも動詞のほうが重要です。taste+形容詞「〜の味がする」となります。
0086	feel [fíːl] フィール	動	〜のように感じる	feel happy「幸せに感じる」のようにfeel+形容詞の使い方が重要です。
0087	become [bikʌ́m] ビカム	動	〜になる	becomeは本来「(ある状態の)近くにくる(come)」→「〜になる」という意味になりました。
0088	swim [swím] スウィム	動	泳ぐ	go swimming「泳ぎに行く」という表現が有名です。-ingにするときは「m」を重ねて-ingをつけます。swimの「w」の発音は口を前に突き出して「ウィ」と発音するのがコツです。
0089	lend [lénd] レンド	動	貸す	lendはgiveと同じ、"動詞人物"の形をとるので、意味もgiveに似て、「一時的に与える」→「貸す」と考えれば、「借りる」と混乱しないでしょう。
0090	get [gét] ゲット	動	得る・〜になる	日本語で「ゲットする」と使われますね。何かを得ることに使われます。
0091	temple [témpl] テンプル	名	寺院	京都では、いろんな所にtempleと書かれた標識があります。ちなみに仏教の寺院のことだけを指すのではなく、Hindu temple「ヒンドゥー教寺院」のようにも使います。
0092	shrine [ʃráin] シュライン	名	神社	templeはどの問題集でも出てきますが、shrineになると、高校生・大学生でも知らない人のほうが多いです。でも日本紹介では絶対に欠かせない単語ですよね。
0093	palace [pǽləs] パレス	名	宮殿	アパートの名前で「○○パレス」と使われていますが、本来は「宮殿」です。東京駅のそばにあるthe Imperial Palace「皇居」は、外国人旅行者にも人気のスポットです。
0094	calligraphy [kəlígrəfi] カリグラフィ	名	書道・カリグラフィー	calligraphyに使われる「グラフィック(graphic)」には「生き生きとした・文字の」などの意味があります。「生き生きとした文字を書く技術」のことです。
0095	pray [préi] プレイ	動	祈る	playと混同しないように注意してください。あまり日本では重視されませんが、英語を使う上では欠かせない単語です。
0096	firework [fáiərwəːrk] ファイアワーク	名	花火	「火薬(fire)を使った作品(works)」→「花火」です。fireworks displayは「花火大会」です。
0097	hot spring [hát spríŋ] ハット スプリング	名	温泉	springの核となる意味は「バネが飛び出す」です。「芽が飛び出す」や「芽が飛び出す季節」→「春」、「地面から水が飛び出す」→「泉」となります。「熱い(hot)泉(spring)」→「温泉」となります。
0098	chopsticks [tʃúpstiks] チャップスティックス	名	箸	箸は2本で1セットなので、ふつうは複数形で使います。「箸1膳」というときは、a pair of chopsticksとなります。
0099	fan [fǽn] ファン	名	扇・扇子・ファン(支持者)	「支持者」という意味の「ファン」はおなじみですね。日本を訪れる外国人の中には「落語」などに興味を持っている人が多く、説明するときにfanを「扇子」の意味で使います。
0100	celebrate [séləbrèit] セレブレイト	動	祝う	お正月をはじめ、日本の「祝日」などを外国人に説明するときに重宝する単語です。

0101	flower [fláuər] フラウワ	名 花	「フラワーアレンジメント」のフラワーです。発音は「フラウワ」という感じです。
0102	sky [skái] スカイ	名 空	「スカイブルー」は「空の色みたいな水色」のことです。
0103	mountain [máuntn] マウンテン	名 山	「〜山」というときにMt. 〜と略された形で表記されます（Mt. Fujiで「富士山」です）。
0104	tree [trí:] トゥリー	名 木	「クリスマスツリー」のツリーです。英語の発音は「ツリー」ではなく「トゥリー」です。
0105	star [stá:r] スター	名 星・スター	「星」→「星のように輝いている人」→「(映画などの)スター」です。
0106	world [wá:rld] ワールド	名 世界	around[all over] the world「世界中で」という熟語がよく使われます。
0107	ice [áis] アイス	名 氷	英語のiceは「氷」のことです。「アイスクリーム」と思ってしまう人が多いですが、それはice creamとなります。
0108	village [vilidʒ] ヴィレッジ	名 村	あまり使わないと思いきや、「地方再生」や物語、観光でよく使われます。
0109	city [síti] スィティ	名 都市・市	市役所はcity hall、市立図書館はcity libraryといいます。cityは東京、大阪、名古屋などの「大都市」に使うことが多いです。
0110	town [táun] タウン	名 町・街	規模でいうとvillage<town<cityです。
0111	station [stéiʃən] ステイション	名 駅	看板などに"○○ Sta."と書いてあったら「〜駅」という意味です。
0112	line [láin] ライン	名 線・(鉄道などの)〜線	単純に「線」を表すだけでなく「(鉄道などの)〜線」という意味でも使います。車内放送の英語で使われています。たとえば「日比谷線」ならthe Hibiya Lineです。
0113	hotel [houtél] ホウテル	名 ホテル	ホテルの看板にはたいていHotelの文字が見られます。hotelのアクセントは「ホウテル」の「テ」のところにきます。
0114	bookstore [búkstɔːr] ブックストア	名 本屋	「本(book)店(store)」→「本屋」です。
0115	restaurant [réstərənt] レストラント	名 レストラン	最後のt (restaurant) を忘れないようにしましょう。飲食店の看板によく書かれていますね。
0116	supermarket [súːpərmàːrkət] スーパーマーケット	名 スーパーマーケット	日本語では一般的に「スーパー」といいますが、英語ではsupermarketです。
0117	office [áfəs] オーフィス	名 会社・オフィス	「事務所」よりも「会社」の訳語のほうがピッタリくることが多いので、「会社」をしっかりおさえてください。
0118	hospital [háspitl] ハスピタル	名 病院	数年前から日本でも「ホスピタリティ」とそのまま使われることが増えました。特にthe hospitality industry「ホテル・レストランを含む」サービス業・接客業」で使われます。hospital「病院」は本来「患者をもてなす場所」という意味だったんです。
0119	park [pá:rk] パーク	名 公園 動 駐車する	日本語でも「○○パーク」のように公園の名前につけられていることが多くあります。動詞「駐車する」は「パーキングエリア」で覚えましょう。
0120	library [láibrèri] ライブラリ	名 図書館	本だけでなく、写真や映画などを資料として保管してあるところがlibraryです。スマホで写真を保管するファイルを「フォトライブラリ」といったりします。

0121	☑☐☐ ☐☐☐	**street** [stríːt] ストゥリート	名 通り	大きな通りの看板の下に"〜 st."と書いてあります。このst.はstreetのことです。
0122	☑☐☐ ☐☐☐	**shop** [ʃɑ́p] シャップ	名 店	shopはstoreに比べて比較的小さな店で、商品を専門的に扱っている場合が多いです（厳密な使いわけがあるわけではありません）。
0123	☑☐☐ ☐☐☐	**shopping** [ʃɑ́piŋ] シャッピング	名 買い物	日本語でも買い物に出かけることを「ショッピングに行く」といいますね。また「ショッピングモール」「ショッピングセンター」などもあります。つづりは「p」が2つです。
0124	☑☐☐ ☐☐☐	**ticket** [tíkət] ティケット	名 切符・チケット	日本語では「チケット」ですが、英語の発音は「ティケット」です。「チケット」だと海外では通じないことがあるので注意してください。
0125	☑☐☐ ☐☐☐	**comic** [kɑ́mik] カミック	名 マンガ	マンガのことを日本語でも「コミック」といいます。「喜劇」の意味を含んでいて、同じ語源の形容詞comicalは「こっけいな」という意味があります。
0126	☑☐☐ ☐☐☐	**doll** [dɑ́l] ダル	名 人形	the Doll's Festivalは「ひな人形の祭り」→「ひな祭り」のことです。日本の文化を説明するときに役立ちますよ。
0127	☑☐☐ ☐☐☐	**bag** [bǽg] バッグ	名 かばん・バッグ	bagはハンドバッグからスーツケースまで、幅広く指すことができます。
0128	☑☐☐ ☐☐☐	**camera** [kǽmərə] キャメラ	名 カメラ	発音は「カメラ」ではなく「キャメラ」という感じです。
0129	☑☐☐ ☐☐☐	**letter** [létər] レター	名 手紙	手紙に必要な便せんと封筒を合わせて売っているのが「レターセット」です。
0130	☑☐☐ ☐☐☐	**fishing** [fíʃiŋ] フィシング	名 釣り	go fishing「釣りに行く」という形で使います。
0131	☑☐☐ ☐☐☐	**song** [sɔ́(ː)ŋ] ソング	名 歌	「ラブソング (love song)」のソングです。ちなみにsingは動詞「歌う」です。
0132	☑☐☐ ☐☐☐	**house** [háus] ハウス	名 家	houseは物理的な「家そのもの（建物）」を指します。一方homeは「家庭」という意味が含まれ、さらに「故郷」という意味にもなります。
0133	☑☐☐ ☐☐☐	**floor** [flɔ́ːr] フロア	名 床・階	ビルなどの1F、2Fの「F」はfloorの頭文字なんです。
0134	✎ ☑☐☐ ☐☐☐	**kitchen** [kítʃən] キッチン	名 台所	日本語でも台所のことを「キッチン」といいますね。
0135	☑☐☐ ☐☐☐	**room** [rúːm] ルーム	名 部屋	「リビングルーム」「ベッドルーム」は日本語にもなっています。
0136	✎ ☑☐☐ ☐☐☐	**bath** [bǽθ] バス	名 浴室・風呂	take a bath「お風呂に入る」という熟語で使います。ちなみに英語でbathroomというと「トイレ」を指すこともあるので注意してください。
0137	☑☐☐ ☐☐☐	**pet** [pét] ペット	名 ペット	語源は諸説ありますが、もとは「小さな」という意味があり、「人間と一緒に暮らせる小さな動物」からきています。
0138	☑☐☐ ☐☐☐	**key** [kíː] キー	名 カギ	問題を解く「カギ」という意味でも使われます。カギとなる重要な点のことを「キーポイント」といったりします。
0139	☑☐☐ ☐☐☐	**sofa** [sóufə] ソウファ	名 ソファ	英語の発音は「ソファー」ではなく「ソウファ」です。
0140	☑☐☐ ☐☐☐	**bed** [béd] ベッド	名 ベッド	go to bed「寝る」という熟語で使います。

0141	corner [kɔ́ːrnər] コーナ	名	角（かど・すみ）	「三角コーナー」はキッチンの流しの角に置きます。また、お店などの売り場のことを日本語で「〇〇コーナー」といいますが、英語ではdepartmentというので注意してください。
0142	mirror [mírər] ミラー	名	鏡	「バックミラー」のミラーです。
0143	garden [gáːrdn] ガーデン	名	庭	「ガーデニング（gardening）」から覚えられますね。gardenは大きな「庭園」まで指しますが、yardは「家の庭」というような比較的小さな「庭」を指します。
0144	bench [béntʃ] ベンチ	名	ベンチ	もともと「長いす」という意味で、2人以上が座れるものを指します。
0145	radio [réidiou] レイディオウ	名	ラジオ	英語の発音は「ラジオ」ではなく「レイディオウ」です。
0146	net [nét] ネット	名	ネット・網	ふつうの「網」だけでなく、「（テレビなどの）放送網」という意味もあります。
0147	basket [bǽskət] バスキット	名	かご	ballがつくとbasketball「バスケットボール」となります。ちなみにバスケットボールの日本語は「籠球（ろうきゅう）」といいます。
0148	computer [kəmpjúːtər] コンピュータ	名	コンピュータ	「パソコン」は「personal（個人の）computer（コンピュータ）」の略です。
0149	Internet [intərnèt] インタネット	名	インターネット	Internetの「I」は大文字で使われます。
0150	robot [róubɑt] ロウバット	名	ロボット	意味は大丈夫だと思いますが、英語の発音は「ロウバット」という感じなので注意してください。AIの普及により、最近ますますよく使われるようになった単語です。
0151	e-mail [íːmèil] イーメイル	名	Eメール	electronic mail「電子メール」の頭文字をとってe-mailとなりましたが、今では単にmailといってもe-mailのことを指すことができます。
0152	phone [fóun] フォウン	名	電話	現在はsmartphone「スマートフォン」が普及していますが、すべての種類の電話をまとめてphoneといいます。phoneは「フォウン」と発音します。
0153	message [mésidʒ] メスィッジ	名	メッセージ・伝言	英語の発音は「メッセージ」ではなく「メスィッジ」という感じです。また、動詞で「（インターネットなどで）メッセージを送る」という意味もあり、He messaged me. のように使います。
0154	time [táim] タイム	名	時間	「ブレイクタイム（休憩時間）」、サッカーなどの「アディショナルタイム」など日本語でもよく使われていますね。
0155	morning [mɔ́ːrniŋ] モーニング	名	朝	「モーニングセット」「モーニングコーヒー」などで使われています。また、in the morning「午前中」という表現はよく使われます。
0156	noon [núːn] ヌーン	名	正午	afternoonは「〜の後（after）正午（noon）」→「午後」という意味です。
0157	evening [íːvniŋ] イーヴニング	名	夕方	the eveningは「ズィ イーヴニング」と発音します。
0158	night [náit] ナイト	名	夜	at night「夜に」という熟語もあります。Good night.「おやすみ」で使われるように、eveningより「暗い」「もう一日がおしまい」というイメージがあります。
0159	dream [dríːm] ドゥリーム	名	夢	「将来の夢」、「寝ているときに見る夢」、両方ともdreamです。
0160	name [néim] ネイム	名 動	名前 名づける	姓を「ラストネイム（last name）」、名を「ファーストネイム（first name）」といいます。また、name A B「AをBと名づける」という動詞の使い方も重要です。

0191～0200はセレクト単語です。現在、多くの人が利用しているLINEは東日本大震災がきっかけで作られたと言われています。スマホで使用するアプリの名前やそれらに関連する単語、災害などの単語を中心に確認してみてください。

0161	birthday [bə́ːrθdèi] バースデイ	名 誕生日	「バースデーケーキ（誕生日ケーキ）」など日本語にもなっていますね。
0162	present [préznt] プレゼント	名 プレゼント・贈り物	「バースデープレゼント」でよく使いますね。
0163	party [páːrti] パーティ	名 パーティー	日本語もそのまま「パーティー」です。本来は「人の集まり」をpartyといって、RPGゲームで勇者の「集団」や登山家の一団を「パーティー」と呼んだりします。
0164	coin [kɔ́in] コイン	名 コイン・硬貨	100円玉、10円玉のような硬貨がcoinです。
0165	money [mʌ́ni] マニ	名 お金	日本語では「マネー」ですが、英語では「マニ」と発音します。硬貨（coin）と札（bill）をまとめたものがmoneyです。
0166	center [séntər] センター	名 中心・センター	バスケットや野球などいろんなスポーツのポジションの名前で出てきますね。
0167	front [frʌ́nt] フラント	名 前面・正面	in front of ～「～の前で」は英会話で重宝します。発音は「フロント」ではなく「フラント」です。
0168	game [géim] ゲイム	名 試合・ゲーム	発音は「ゲーム」ではなく「ゲイム」です。遊びの「ゲーム」もありますが、「試合」という意味で使うこともあります。
0169	movie [múːvi] ムーヴィ	名 映画	「アクションムービー」のムービーです。
0170	news [n(j)úːz] ニューズ	名 ニュース	英語の発音は「ニュース」ではなく「ニューズ」です。俗説ではありますが「東西南北で起きる事件」で、north、east、west、southの頭文字をとったものと覚えるのもアリです。
0171	paper [péipər] ペイパ	名 紙・新聞	paperだけでも新聞（newspaper）の意味を表せます。
0172	story [stɔ́ːri] ストーリ	名 物語・話	事実に基づく話も、小説などの架空の話にもstoryを使えます。
0173	page [péidʒ] ペイジ	名 ページ	英語の発音は「ペイジ」です。「ページ」ではありません（実は英語の世界には「エー」と伸ばす音は存在しないんです）。
0174	contest [kɑ́ntest] カンテスト	名 コンテスト	conは「一緒」という意味で、「一緒に (con) テスト (test) して競争する」と覚えるのもアリです。
0175	event [ivént] イヴェント	名 できごと・イベント	催し物のイベントのほかに、単に「できごと」という意味（つまり悪いことや悲しいことにも使える）もあります。
0176	music [mjúːzik] ミューズィク	名 音楽	つい「ミュージック」と発音してしまいがちですが「ミューズィク」です。
0177	concert [kɑ́nsərt] カンサート	名 コンサート	conは「一緒」という意味でしたね。「いろんな楽器が一緒になって1つの曲を演奏するのがconcert」というイメージで覚えてください。
0178	band [bǽnd] バンド	名 バンド	モノをしばる「帯状のもの」をbandといい、たとえば「リストバンド」があります。ロックバンドは「1つにしばられたグループ」と考えましょう。
0179	program [próugræm] プロウグラム	名 番組・プログラム	「行事などの進行表」というイメージが強い単語ですが、テレビなどの「番組（TV program）」という意味があります。
0180	dance [dǽns] ダンス	名 ダンス・踊り	「フラダンス」「社交ダンス」「ブレイクダンス」のダンスです。

0181	☑☐☐ ☐☐☐	**group** [grúːp] グループ	名	グループ・集団	「グループ活動」は「みんなで協力しながら集団で活動すること」ですよね。
0182	☑☐☐ ☐☐☐	**team** [tíːm] ティーム	名	チーム	日本語では「チーム」ですが、英語の発音は「ティーム」です。
0183	☑☐☐ ☐☐☐	**number** [nʌ́mbər] ナンバー	名	数・番号	自動車などについている「ナンバープレート」には「番号」が書いてあります。
0184	☑☐☐ ☐☐☐	**half** [hǽf] ハーフ	名	半分・30分	「30分」は1時間の半分ということで、half an hourと表せます。
0185	☑☐☐ ☐☐☐	**rule** [rúːl] ルール	名動	ルール・規則 支配する	日本語でも規則のことを「ルール」といいますね。動詞のruleは「規則を押し付ける」→「支配する」です。
0186	☑☐☐ ☐☐☐	**goal** [góul] ゴウル	名	ゴール・目標	サッカーなどのゴールのほか、「目標」という意味で使われます。発音は「ゴール」ではなく「ゴウル」です。
0187	☑☐☐ ☐☐☐	**fun** [fʌ́n] ファン	名	楽しみ	a lot of fun「とても楽しい」はOKですが、very funとはいえません（veryの後ろには形容詞や副詞がくるので）。
0188	☑☐☐ ☐☐☐	**future** [fjúːtʃər] フューチャー	名	将来・未来	in the future「将来に」という形でよく使います。
0189	☑☐☐ ☐☐☐	**moment** [móumənt] モウメント	名	瞬間	Just a moment.「ちょっと待って」は、会話でよく使う表現です。
0190	☑☐☐ ☐☐☐	**change** [tʃéindʒ] チェインジ	名	変化	日本語でも「モードチェンジ」のように使われています。発音は「チェンジ」ではなく「チェインジ」です。
0191	☑☐☐ ☐☐☐	**LINE** ライン	名	LINE（ライン）	多くの人が使っている無料通信アプリですね。「世界中の人と人とをつなぐホットラインのような存在になるように」という願いが名前の由来だそうです。
0192	☑☐☐ ☐☐☐	**SNS** エスエヌエス	名	Social Networkingの略	Social Networking Serviceの略です。インターネットを利用してほかの人々と交流することができるサービスのことです。
0193	☑☐☐ ☐☐☐	**Wi-Fi** ワイファイ	名	Wi-Fi	無線でネットワークに接続する技術のことです。Wireless Fidelity、Hi-Fiなど、由来は諸説あります。
0194	☑☐☐ ☐☐☐	**smartphone** [smάːrtfòun] スマートフォウン	名	スマートフォン	今やスマホは日常会話で必ず出てくる単語です。最近は単にphoneだけでも「スマホ」を指すことができます。
0195	☑☐☐ ☐☐☐	**tweet** [twíːt] トゥウィート	動	ツイートする（Twitterでつぶやく）	本来は「（小鳥が）さえずる・つぶやく」という意味です（だからTwitterのロゴは鳥のマークなんです）。
0196	☑☐☐ ☐☐☐	**post** [póust] ポウスト	動	投稿する	本来は「柱」という意味（「ゴールポスト」で使われています）で、そこから「（柱に広告などを）貼る」→「（メッセージをネット上に）掲示する」という意味で使われるようになりました。
0197	☑☐☐ ☐☐☐	**flu** [flúː] フルー	名	インフルエンザ	本来の形はinfluenzaで「体の中にウイルスが流れて入ったもの（fluは「流れ」の意味）」です。このようにfluと短く使われることもよくあります。
0198	☑☐☐ ☐☐☐	**hurricane** [hə́ːrəkèin] ハリケイン	名	ハリケーン	ハリケーンも台風も、暴風という点では同じですが、ハリケーンはアメリカ南部周辺、台風は日本の南方やインド洋で発生する暴風という違いがあります。
0199	☑☐☐ ☐☐☐	**vocabulary** [voukǽbjəlèri] ヴォキャブラリィ	名	語彙	語学の勉強をしていると「ボキャブラリー増強」と使われます。vocabularyは1つ1つの単語ではなく、その人が持つ単語の「総量」を指します。
0200	☑☐☐ ☐☐☐	**grammar** [grǽmər] グラマ	名	文法	高校や大学での英語で、「文法の授業」のことを「グラマーの授業」と呼んだりします。

ZONE 1

問 題

次の英語の意味を❶〜❻から選びなさい。

01
(1) feel	(2) buy	(3) teach
(4) read	(5) write	(6) arrive

❶ 教える ／ ❷ 買う ／ ❸ 到着する
❹ 読む ／ ❺ 書く ／ ❻ 〜のように感じる

02
(1) want	(2) try	(3) make
(4) travel	(5) fly	(6) lend

❶ 貸す ／ ❷ ほしい ／ ❸ 作る・〜にする
❹ 旅行する ／ ❺ 飛ぶ ／ ❻ 試す

03
(1) show	(2) end	(3) wait
(4) learn	(5) drive	(6) paint

❶ 運転する ／ ❷ 描く ／ ❸ 学ぶ
❹ 終わる ／ ❺ 待つ ／ ❻ 見せる

04
(1) take	(2) enjoy	(3) pray
(4) stop	(5) bring	(6) help

❶ 楽しむ ／ ❷ やめる・止まる ／ ❸ とる・持っていく
❹ 祈る ／ ❺ 持ってくる ／ ❻ 手伝う・助ける

05
(1) cut	(2) say	(3) snow
(4) fall	(5) practice	(6) break

❶ 切る ／ ❷ 練習する ／ ❸ 落ちる
❹ 言う ／ ❺ 雪が降る ／ ❻ 壊す

解 答

01 (1) ❻ (2) ❷ (3) ❶ (4) ❹ (5) ❺ (6) ❸

02 (1) ❷ (2) ❻ (3) ❸ (4) ❹ (5) ❺ (6) ❶

03 (1) ❻ (2) ❹ (3) ❺ (4) ❸ (5) ❶ (6) ❷

04 (1) ❸ (2) ❶ (3) ❹ (4) ❷ (5) ❺ (6) ❻

05 (1) ❶ (2) ❹ (3) ❺ (4) ❸ (5) ❷ (6) ❻

06
(1) leave　　(2) return　　(3) call
(4) study　　(5) smell　　(6) work

❶ 戻る ／ ❷ 〜のにおいがする ／ ❸ 働く・機能する・作用する
❹ 勉強する ／ ❺ 出発する ／ ❻ 〜と呼ぶ・電話をかける

07
(1) keep　　(2) laugh　　(3) drink
(4) celebrate　　(5) finish　　(6) temple

❶ 笑う ／ ❷ 終える ／ ❸ 祝う
❹ 寺院 ／ ❺ 保つ ／ ❻ 飲む

08
(1) send　　(2) listen　　(3) swim
(4) go　　(5) eat　　(6) need

❶ 行く ／ ❷ 泳ぐ ／ ❸ 食べる
❹ 聞く ／ ❺ 送る ／ ❻ 必要とする

09
(1) think　　(2) come　　(3) have
(4) close　　(5) sing　　(6) like

❶ 歌う ／ ❷ 好きだ ／ ❸ 持っている
❹ 来る ／ ❺ 考える ／ ❻ 閉める

10
(1) point　　(2) move　　(3) stay
(4) give　　(5) pass　　(6) run

❶ 滞在する ／ ❷ 与える ／ ❸ 走る
❹ 渡す ／ ❺ 指さす ／ ❻ 動く

---

06 (1) ❺　(2) ❶　(3) ❻　(4) ❹　(5) ❷　(6) ❸

07 (1) ❺　(2) ❶　(3) ❻　(4) ❸　(5) ❷　(6) ❹

08 (1) ❺　(2) ❹　(3) ❷　(4) ❶　(5) ❸　(6) ❻

09 (1) ❺　(2) ❹　(3) ❸　(4) ❻　(5) ❶　(6) ❷

10 (1) ❺　(2) ❻　(3) ❶　(4) ❷　(5) ❹　(6) ❸

ZONE 1〔0001–0200〕

ZONE 2〔0201–0400〕

ZONE 3〔0401–0600〕

ZONE 4〔0601–0800〕

ZONE 5〔0801–1000〕

まとめて覚える単語　ふろく

問 題

次の英語の意味を❶〜❻から選びなさい。

11　(1) game　　(2) present　　(3) hurricane
　　　(4) phone　　(5) camera　　(6) station

> ❶ 試合・ゲーム ／ ❷ ハリケーン ／ ❸ 駅
> ❹ 電話 ／ ❺ カメラ ／ ❻ プレゼント・贈り物

12　(1) mountain　　(2) library　　(3) group
　　　(4) kitchen　　(5) garden　　(6) contest

> ❶ 台所 ／ ❷ コンテスト ／ ❸ 山
> ❹ 図書館 ／ ❺ 庭 ／ ❻ グループ・集団

13　(1) change　　(2) news　　(3) flower
　　　(4) shop　　(5) noon　　(6) world

> ❶ 正午 ／ ❷ ニュース ／ ❸ 変化
> ❹ 花 ／ ❺ 店 ／ ❻ 世界

14　(1) sofa　　(2) coin　　(3) grammar
　　　(4) hospital　　(5) goal　　(6) dream

> ❶ 病院 ／ ❷ ゴール・目標 ／ ❸ ソファ
> ❹ コイン・硬貨 ／ ❺ 夢 ／ ❻ 文法

15　(1) basket　　(2) town　　(3) dance
　　　(4) future　　(5) movie　　(6) key

> ❶ ダンス・踊り ／ ❷ 町・街 ／ ❸ 映画
> ❹ かご ／ ❺ カギ ／ ❻ 将来・未来

解 答

11	(1) ❶	(2) ❻	(3) ❷	(4) ❹	(5) ❺	(6) ❸
12	(1) ❸	(2) ❹	(3) ❻	(4) ❶	(5) ❺	(6) ❷
13	(1) ❸	(2) ❷	(3) ❹	(4) ❺	(5) ❶	(6) ❻
14	(1) ❸	(2) ❹	(3) ❻	(4) ❶	(5) ❷	(6) ❺
15	(1) ❹	(2) ❷	(3) ❶	(4) ❻	(5) ❸	(6) ❺

16
(1) restaurant　(2) flu　(3) street
(4) number　(5) birthday　(6) message

> ❶ 誕生日 ／ ❷ インフルエンザ ／ ❸ 数・番号
> ❹ 通り ／ ❺ メッセージ ／ ❻ レストラン

17
(1) center　(2) floor　(3) tree
(4) evening　(5) office　(6) mirror

> ❶木 ／ ❷床・階 ／ ❸会社・オフィス
> ❹夕方 ／ ❺鏡 ／ ❻中心・センター

18
(1) Internet　(2) village　(3) comic
(4) party　(5) bath　(6) concert

> ❶コンサート ／ ❷村 ／ ❸インターネット
> ❹マンガ ／ ❺パーティー ／ ❻浴室・風呂

19
(1) ice　(2) night　(3) city
(4) team　(5) story　(6) letter

> ❶チーム ／ ❷氷 ／ ❸物語・話
> ❹夜 ／ ❺手紙 ／ ❻都市・市

20
(1) sky　(2) band　(3) hotel
(4) robot　(5) bed　(6) bench

> ❶ベッド ／ ❷バンド ／ ❸ホテル
> ❹ベンチ ／ ❺空 ／ ❻ロボット

16 (1) ❻ (2) ❷ (3) ❹ (4) ❸ (5) ❶ (6) ❺
17 (1) ❻ (2) ❷ (3) ❶ (4) ❹ (5) ❸ (6) ❺
18 (1) ❸ (2) ❷ (3) ❹ (4) ❺ (5) ❻ (6) ❶
19 (1) ❷ (2) ❹ (3) ❻ (4) ❶ (5) ❸ (6) ❺
20 (1) ❺ (2) ❷ (3) ❸ (4) ❻ (5) ❶ (6) ❹

ZONE 1 [0001 - 0200]
ZONE 2 [0201 - 0400]
ZONE 3 [0401 - 0600]
ZONE 4 [0601 - 0800]
ZONE 5 [0801 - 1000]
まとめて覚える単語
ふろく

問 題

日本語が正しい英文の訳になるように、空所を埋めなさい。

（1）I play soccer.　サッカーを（　　　　）います。

（2）I smiled at him.　彼に（　　　　）ました。

（3）Do you know her?　あなたは彼女のことを（　　　　）ますか？

（4）I'll tell you later.　あとで（　　　　）ます。

（5）I walk to school every day.　毎日学校に（　　　　）ます。

（6）Can I watch?　（　　　　）もいい？

（7）Is it raining?　（　　　　）いますか？

（8）Can you open the door for me?　ドアを（　　　　）もらえますか？

（9）I want to sleep.　（　　　　）たいです。

（10）Clean your room!　部屋を（　　　　）なさい！

解 答

（1）I play soccer.　サッカーを（して・やって）います。

（2）I smiled at him.　彼に（ほほえみ・笑いかけ）ました。

（3）Do you know her?　あなたは彼女のことを（知ってい）ますか？

（4）I'll tell you later.　あとで（伝え・話し）ます。

（5）I walk to school every day.　毎日学校に（歩いていき・歩き）ます。

（6）Can I watch?　（見て）もいい？

（7）Is it raining?　（雨が降って）いますか？

（8）Can you open the door for me?　ドアを（開けて）もらえますか？

（9）I want to sleep.　（眠り・寝）たいです。

（10）Clean your room!　部屋を（掃除し・きれいにし）なさい！

(11) I live near my school. 私は学校の近くに（　　　　）います。

(12) Do you cook? （　　　　）はしますか？

(13) I can't hear you. あなたの話が（　　　　）ません。

(14) Can I sit here? ここに（　　　　）もいいですか？

(15) I'll wash the dishes. 私がお皿を（　　　　）ます。

(16) I used colored pencils. 私は色鉛筆を（　　　　）ました。

(17) I asked my teacher a question. 先生に質問を（　　　　）ました。

(18) It tastes bitter. 苦い（　　　　）。

(19) This shrine is very famous. この（　　　　）はとても有名です。

(20) It's difficult to use chopsticks. （　　　　）を使うのは難しいです。

---

(11) I live near my school. 私は学校の近くに（住んで）います。

(12) Do you cook? （料理）はしますか？

(13) I can't hear you. あなたの話が（聞こえ）ません。

(14) Can I sit here? ここに（座って）もいいですか？

(15) I'll wash the dishes. 私がお皿を（洗い）ます。

(16) I used colored pencils. 私は色鉛筆を（使い）ました。

(17) I asked my teacher a question. 先生に質問を（たずね・きき・し）ました。

(18) It tastes bitter. 苦い（味がする）。

(19) This shrine is very famous. この（神社）はとても有名です。

(20) It's difficult to use chopsticks. （箸）を使うのは難しいです。

※ 訳は自然な日本語になるようにしていますので、たとえば代名詞が日本語に訳されていないことがあります。

ZONE 1

問 題

日本語が正しい英文の訳になるように、空所を埋めなさい。

(21) I went to a bookstore. 私は（　　　　　）へ行きました。

(22) This supermarket is big! この（　　　　　）は大きいですね！

(23) The park has two swings. その（　　　　　）にはブランコが 2 つあります。

(24) I lost my ticket. （　　　　　）を失くしてしまいました。

(25) I want a new bag. 新しい（　　　　　）がほしいです。

(26) Let's go fishing! （　　　　　）に行こう！

(27) Her house is clean. 彼女の（　　　　　）はきれいです。

(28) This room is hot. この（　　　　　）は暑いですね。

(29) Do you have any pets? （　　　　　）を飼っていますか？

(30) Do you listen to the radio? （　　　　　）は聞きますか？

解 答

(21) I went to a bookstore. 私は（ 本屋 ）へ行きました。

(22) This supermarket is big! この（スーパーマーケット・スーパー）は大きいですね！

(23) The park has two swings. その（ 公園 ）にはブランコが 2 つあります。

(24) I lost my ticket. （チケット・切符）を失くしてしまいました。

(25) I want a new bag. 新しい（バッグ・かばん）がほしいです。

(26) Let's go fishing! （ 釣り ）に行こう！

(27) Her house is clean. 彼女の（ 家 ）はきれいです。

(28) This room is hot. この（ 部屋 ）は暑いですね。

(29) Do you have any pets? （ペット）を飼っていますか？

(30) Do you listen to the radio? （ラジオ）は聞きますか？

(31) My parents can't use the computer. 両親は（　　　　）を使えません。

(32) I sent you an e-mail. （　　　　）を送りました。

(33) It's time to go to school. 学校に行く（　　　　）です。

(34) I can't wake up in the morning. （　　　　）は起きられません。

(35) I want money. （　　　　）がほしいです。

(36) Many people came to the event. 多くの人がその（　　　　）に来ました。

(37) I like to listen to music. 私は（　　　　）を聞くのが好きです。

(38) We changed the rules. （　　　　）を変更しました。

(39) I got a new smartphone. 新しい（　　　　）を買いました。

(40) He tweets every morning. 彼は毎朝（　　　　）ます。

---

(31) My parents can't use the computer. 両親は（コンピュータ・パソコン）を使えません。

(32) I sent you an e-mail. （Eメール・電子メール・メール）を送りました。

(33) It's time to go to school. 学校に行く（時間）です。

(34) I can't wake up in the morning. （朝）は起きられません。

(35) I want money. （お金）がほしいです。

(36) Many people came to the event. 多くの人がその（イベント・催し）に来ました。

(37) I like to listen to music. 私は（音楽）を聞くのが好きです。

(38) We changed the rules. （ルール）を変更しました。

(39) I got a new smartphone. 新しい（スマートフォン・スマホ）を買いました。

(40) He tweets every morning. 彼は毎朝（ツイートし・つぶやき・ツイッターをし）ます。

※ 訳は自然な日本語になるようにしていますので、たとえば代名詞が日本語に訳されていないことがあります。

ZONE 1 [0001 - 0200]
ZONE 2 [0201 - 0400]
ZONE 3 [0401 - 0600]
ZONE 4 [0601 - 0800]
ZONE 5 [0801 - 1000]
まとめて覚える単語
ふろく

1000語覚えれば世界が変わる

Get motivated!

1ヵ月1000個の方法でボクの生徒は成功しています。社会人の方は長期休暇などを利用してみてください。1000個達成した時点で、みなさんの英語学習に革命が起きます。

世界が変わります。

白黒だった英語の世界が、色鮮やかなvividな世界に変わります。

テンションが上がって、空を見上げて「雲がキレイ」とか思いますし、スキップしちゃいますし、なんなら道端で花や小鳥に話しかけるかもしれません。

それぐらい大きな変化が起きますよ。ホントに。

ZONE 2
単語 0201-0400

1ヵ月1000単語習得メソッドの

日付を記入して
おきましょう!

| 2日目 | 7日目 | 12日目 |
| 17日目 | 22日目 | 27日目 |

にやるべき ZONE のはじまりです

0201	surprised [sə(r)práizd] サプライズド	形 驚いて	動詞surpriseは「驚かせる」という意味で、これの過去分詞surprisedは「驚かされて」→「驚いて」となりました。「私は驚いている」というときはI'm surprised.となります。
0202	excited [iksáitid] イクサイティド	形 ワクワクして	動詞excite「ワクワクさせる」の過去分詞からできた単語です。be excitedで「ワクワクさせられて」→「ワクワクして」となりました。「テンションが上がっている」感じです。
0203	glad [glǽd] グラッド	形 うれしい	gladは「瞬間的な喜び」を表すときに使う単語で、be glad to ～「～できてうれしい」は会話でもよく使います。
0204	happy [hǽpi] ハッピ	形 幸せな・うれしい	happyもgladも「うれしい」と訳せますが、happyはgladよりも「幸福な状態で幸せな気持ち」のニュアンスが強い単語です。I am happy that ～「～してうれしい」という形でも使えます。
0205	free [frí:] フリー	形 自由な・暇な・無料の	もともと「ない」という意味で、「束縛がない」→「自由な・暇な」、「値段がついていない」→「無料」ということです。カフェで見かけるsmoke-freeは「煙がない」→「禁煙の」です。
0206	tired [táiərd] タイアド	形 疲れた	動詞tire「疲れさせる」の過去分詞形からできた単語です。「疲れさせられて」→「疲れた」となりました。tried（tryの過去形）と間違えないように注意してください。
0207	many [méni] メニ	形 たくさんの	「数えられる名詞」がたくさんあるときに使います。
0208	much [mʌ́tʃ] マッチ	形 たくさんの	many「数が多い」に対して、muchは「量が多い」ときに使います。つまり、waterやmoneyなどの「数えられない名詞」に使います。
0209	few [fjú:] フュー	形 (a fewで) 少しの・2、3の	a fewで「少しの」、fewは「ほとんどない」になります。どちらも「数が少ない」（数えられる名詞）というときに使います。
0210	little [lítl] リトゥル	形 少ない・小さい	a little ～で「少しの～」、little ～で「ほとんど～ない」という意味になります。「数」ではなく「量」（数えられない名詞）に使います。
0211	beautiful [bjú:təfl] ビューティフル	形 美しい	「美（beauty）がいっぱい（ful）」→beautiful（美しい）」です。
0212	big [bíg] ビッグ	形 大きい	「サッカーの大ファン」というときは、a big fan of soccerのように「大」をそのまま英語にしたbigを使います。
0213	large [lá:rdʒ] ラージ	形 大きい	「Lサイズ」とは「largeサイズ」のことです。
0214	small [smɔ́:l] スモール	形 小さい	largeの反対がsmallです。Lサイズ（largeサイズ）の反対はSサイズ（smallサイズ）です。
0215	afraid [əfréid] アフレイド	形 怖がって	be afraid of ～「～を恐れる」という形や、I'm afraid「残念ながら」でよく使われます。
0216	quiet [kwáiət] クワイエット	形 静かな	Be quiet!「静かにしなさい!」という表現を聞いたことがあるかもしれません。
0217	sick [sík] スィック	形 気分が悪い	「病気の」という意味もありますが、単に「気分が悪い」程度にもよく使われます。
0218	left [léft] レフト	形 左の	よくヘッドホンやイヤホンに "L" と示されていますが、それはleft「左（耳用）」ということです。
0219	right [ráit] ライト	形 右の・正しい	道案内の場面でTurn right.「右に曲がってください」とよく使われますし、「正しい」という意味ではThat's right.「そのとおり」という会話表現が重要です。
0220	strange [stréindʒ] ストレインヂ	形 奇妙な	strangeはもともと「見知らぬ」という意味で、「見知らぬ」ものは「奇妙な」となりました。

0221	interesting [íntərəstiŋ] インタレスティング	形 おもしろい	ゲラゲラ笑うおもしろさではなく「興味をそそるおもしろさ」を意味します。That's interesting.は「それは興味深いね」というニュアンスであいづち的にも使われます。
0222	interested [íntərəstəd] インタレスティド	形 興味を持った	be interested in ～「～に興味がある」という熟語によく使われ、英会話でもよく使います。
0223	cute [kjú:t] キュート	形 かわいい	cuteには「小さくてかわいい」というニュアンスがあります。
0224	bad [bǽd] バッド	形 悪い	食べ物などが「悪くなる」というときにgo badが使われます。
0225	good [gúd] グド	形 よい・上手な	Good job!「よくやった!」、How are you? —I'm good.「調子はどう? —いいよ」のように会話でも本当によく使う単語です。「上手な」という意味ではbe good at ～「～が得意だ」という熟語が重要です。
0226	poor [púər] プア	形 貧しい・かわいそうな	poorは「少ない」イメージで、「お金が少ない」→「貧乏な」、「幸せが少ない」→「かわいそう」となり、be poor at -ing「～するのが苦手だ」は「スキルが少ない」ことです。
0227	rich [rítʃ] リッチ	形 裕福な	金銭的なことに使われることが多いですが、それだけでなく、「心の豊かさ」についても使われます。
0228	new [n(j)ú:] ニュー	形 新しい	Happy New Year「新年あけましておめでとう」などで使われますね。
0229	young [jʌ́ŋ] ヤング	形 若い	日本語の「ヤング」は死語ですが、もちろん英語では使われています。
0230	old [óuld] オウルド	形 古い・年をとった	oldはnew「新しい」の反意語としては「古い」、youngの反意語としては「年をとった」という意味で使われます。発音は「オールド」ではなく「オウルド」です。
0231	real [rí:əl] リアル	形 現実の・本当の	trueもrealも「本当の」と訳しますが、trueは「真実の」、realは「現実の」というイメージです。
0232	international [ìntərnǽʃənl] インタナショナル	形 国際的な	「国家の (national) 間 (inter)」→「国家間の」→「国際的な」です。
0233	special [spéʃl] スペシャル	形 特別の	テレビ番組などのspecial guestは日本語でそのまま「スペシャルゲスト」と使われていますね。
0234	safe [séif] セイフ	形 安全な	野球で「セーフ」というと、走者が「安全に進塁したこと」を指します。英語の発音は「セーフ」ではなく「セイフ」です。
0235	dangerous [déindʒərəs] デインジャラス	形 危険な	場所・物質・治安など、様々なものに対して使われます。
0236	soft [sɔ́(:)ft] ソーフト	形 柔らかな	「ソフトクリーム」は「口の中でとろけるように柔らかいアイスクリーム」という意味です。
0237	easy [í:zi] イーズィ	形 簡単な	発音は「イージー」でなく「イーズィ」です。This cocktail is easy to drink.「このカクテルは飲みやすい」という感じでも使えます。
0238	difficult [dífikʌ̀lt] ディフィカルト	形 難しい	easyの反意語がdifficultです。日本語で「それはちょっと難しそうです」というと「不可能」の意味になることもありますが、difficultにそのニュアンスはありません。
0239	nice [náis] ナイス	形 すてきな	相手の持ち物をほめるときなどにniceはよく使われます。たとえば、That's a nice T-shirt.「それはすてきなTシャツですね」のように使います。
0240	favorite [féivərət] フェイヴァリット	形 一番好きな	favoriteは「お気に入りの」と訳されることが多いですが、「一番好きな」に使われます。

0241	☑☐☐ ☐☐☐	**dark** [dáːrk] ダーク	形 暗い	もともと「曇（くも）らす」という意味があり、そこから「暗い」になりました。a dark brown T-shirt「濃い茶色のTシャツ」のように「色が濃い」というときにも使えます。
0242	☑☐☐ ☐☐☐	**light** [láit] ライト	形 明るい・軽い	家電製品など「軽い」商品に「○○ライト」と使われることもよくあります。ちなみに「明るい」と「軽い」はそれぞれ別の語源ですが、つづりはたまたま同じなんです。
0243	☑☐☐ ☐☐☐	**heavy** [hévi] ヘヴィ	形 重い	ボクシングや総合格闘技で一番「重い」階級を「ヘビー級」といいます。heavy rain「大雨」やheavy traffic「交通渋滞」のようにも使います。英語では「交通量（traffic）が重い（heavy）」→「混んでいる」という発想をします。
0244	☑☐☐ ☐☐☐	**expensive** [ikspénsiv] イクスペンスィヴ	形 高価な	海外で買い物をするときに高額な値段をふっかけてきたときには、That's expensive! と言って立ち去りましょう。
0245	☑☐☐ ☐☐☐	**cheap** [tʃíːp] チープ	形 安い	単に「安い」というだけでなく、「安っぽい」というニュアンスもあるので、お店で「超安い」というつもりで、cheapを使うと失礼になることがあるので注意してください。
0246	☑☐☐ ☐☐☐	**every** [évri] エヴリ	形 どの〜も・毎〜	everyは「それぞれ1つ1つ」にフォーカスを当てた単語なので、直後にくる名詞は「単数扱い」です。every day「毎日」のdayも単数ですね。
0247	☑☐☐ ☐☐☐	**sad** [sæd] サッド	形 悲しい	He looks sad.「彼は悲しそうだ」のように使います。
0248	☑☐☐ ☐☐☐	**same** [séim] セイム	形 同じ	「同じ〜」というときはthe same 〜のようにtheがつきます。at the same time「同時に」という形もよく使われます。
0249	☑☐☐ ☐☐☐	**cool** [kúːl] クール	形 涼しい・かっこいい	夏になると多くの会社で「クールビズ（軽装になること）」を実施しています。cold「寒い」に対して、Coolは「心地よく涼しい」というニュアンスです。また会話ではCool.「いいね」という意味でもよく使われます。
0250	✏☑☐☐ ☐☐☐	**warm** [wɔ́ːrm] ウォーム	形 暖かい	日本語の「ウォーミングアップ」は、準備運動をして体をあたためることです。
0251	☑☐☐ ☐☐☐	**different** [dífərənt] ディファレント	形 違った	be different from 〜で「〜と異なっている」という熟語が有名です。またdifferent+名詞（複数形）「様々な〜」もよく使います。「それぞれ違うもの」→「様々な」ということです。
0252	☑☐☐ ☐☐☐	**long** [lɔ́(ː)ŋ] ローング	形 長い	「ロングヘア（long hair）」のように物理的に「長い」ということもできますし、時間が「長い」ときにも使えます。
0253	☑☐☐ ☐☐☐	**pretty** [príti] プリティ	形 かわいい	「かわいい」だけでなく「きれいな・美しい」と訳すこともできる単語です。as pretty as a pictureは「絵と同じように美しい」→「とてもきれいだ」という熟語です。
0254	☑☐☐ ☐☐☐	**hungry** [hʌ́ŋgri] ハングリィ	形 空腹の	ハングリー精神とは、「（空腹状態で、食事にありつくために）死にもの狂いで頑張る姿勢」です。
0255	✏☑☐☐ ☐☐☐	**thirsty** [θə́ːrsti] サースティ	形 のどが渇いた	発音も「サースティ」と、何だか乾燥している感じですね。のどの渇きだけでなく、知識への渇きにも使えます。
0256	☑☐☐ ☐☐☐	**last** [lǽst] ラスト	形 この前の・最後の	last year「去年」、last week「先週」などlast+語句でよく使います。ちなみにagoは語句+agoで「〜前」という意味です。
0257	✏☑☐☐ ☐☐☐	**foreign** [fɔ́(ː)rən] フォーリン	形 外国の	「異国の・未知の」というニュアンスがある単語です。
0258	☑☐☐ ☐☐☐	**next** [nékst] ネクスト	形 次の	電車内の英語でのアナウンスでthe next station「次の駅」が使われています。また、道案内の場面ではnext to 〜「〜の隣に」という熟語をよく使います。
0259	☑☐☐ ☐☐☐	**no** [nóu] ノウ	形 1つも[まったく]〜ない	"no+名詞"をそのまま訳すと「ゼロの名詞」、そこから「1つも〜ない」となります。I have no comic books.「私はマンガを1冊も持っていない」のように使います。
0260	☑☐☐ ☐☐☐	**popular** [pápjələr] パピュラー	形 人気のある	「広く浸透した」イメージから「人気のある」、「一般的な」という訳になります。

0261	☑☐☐ ☐☐☐	cold [kóuld] コウルド	形	冷たい・寒い	😊 飲み物の自販機で「冷たい飲み物」は "COLD" と表示されています。英語の発音は「コールド」ではなく「コウルド」です。
0262	☑☐☐ ☐☐☐	hot [hát] ハット	形	熱い・暑い	😊 飲み物にも気温にもhotを使えます。
0263 ✎	☑☐☐ ☐☐☐	busy [bízi] ビズィ	形	忙しい	😊 ハチがブンブンうるさいイメージです。ハチにたとえてas busy as a bee「すごく忙しい」という表現もあります。
0264	☑☐☐ ☐☐☐	fast [fæst] ファスト	形	速い	😊 ハンバーガーなどの「ファストフード店」は頼んだものが「はやく」出てくるお店です。
0265	☑☐☐ ☐☐☐	slow [slóu] スロウ	形	遅い	😊 「スローモーション」とは「ゆっくりな（遅い）動き」のことです。発音は「スロー」ではなく「スロウ」です。
0266	☑☐☐ ☐☐☐	quick [kwík] クウィック	形	すばやい	😊 動作が「すばやい」ときにquickを使います。継続的な動作、たとえば「走っている」のが「速い」ときはfastを使います。
0267	☑☐☐ ☐☐☐	other [ʌ́ðər] アザー	形	ほかの	😊 英語の授業で先生がAny other questions?「ほかに何か質問は?」といったりします。
0268	☑☐☐ ☐☐☐	another [ənʌ́ðər] アナザー	形	もう1つの・別の	😊 「1つ (an) 他の (other)」→「もう1つの・別の」となりました。店で「別のを見せてください」というときに、Show me another. と言ったりします。また、anotherには「冠詞an」が含まれているので、× an anotherやthe anotherは間違いです。
0269	☑☐☐ ☐☐☐	enough [inʌ́f] イナフ	形	十分な	😊 読み方が難しいですが、enoughの「ou」は「ア」、enoughの「gh」は「フ」です。
0270	☑☐☐ ☐☐☐	ill [íl] イル	形	病気の	😊 be ill in bedは「病気で寝ている」という意味です。
0271	☑☐☐ ☐☐☐	fine [fáin] ファイン	形	晴れた・よい・元気な	😊 天気にも使えますし、I'm fine.「私は元気です」のように人にも使える便利な単語です。
0272	☑☐☐ ☐☐☐	shocked [ʃákt] シャークト	形	衝撃を受けて	😊 動詞shockは「衝撃を与える」で、その過去分詞からできた単語です。自分が衝撃を受けたならI was shocked.「私はショックだった」のように使います。
0273	☑☐☐ ☐☐☐	important [impɔ́:rtənt] インポータント	形	重要な	😊 import「輸入する」と関係があり、「輸入するものは重要なもの」というのが本来の意味なんです。
0274	☑☐☐ ☐☐☐	high [hái] ハイ	形	高い	😊 「ハイスコア」とは「高得点」のことです。highの「gh」は発音しません。
0275	☑☐☐ ☐☐☐	low [lóu] ロウ	形	低い・安い	😊 格闘技の「ローキック（下段蹴り）」などで使われます。law「法律」と勘違いしないように注意してください。
0276	☑☐☐ ☐☐☐	true [trú:] トゥルー	形	真実の・本当の	😊 Dreams come true.「夢は真実の状態にやってくる」→「真実となる」→「夢は叶う」という有名な言い回しがあります。
0277	☑☐☐ ☐☐☐	full [fúl] フル	形	いっぱいの	😊 「フルタイムの (full-time)」は「いっぱいの時間の」からfullは「いっぱいの」と覚えてください。ちなみにfull-timeの反意語はpart-time「パートタイムの」です。
0278	☑☐☐ ☐☐☐	wrong [rɔ́(:)ŋ] ゥローング	形	間違った	😊 take the wrong train「間違った電車に乗る」やThere is something wrong with 〜.「〜についておかしなところがある」が会話で重要です。
0279	☑☐☐ ☐☐☐	tall [tɔ́:l] トール	形	(背が) 高い	😊 カフェで「トールサイズ（大）」というのがあります。カップのサイズがtallということです。
0280	☑☐☐ ☐☐☐	short [ʃɔ́:rt] ショート	形	短い・背が低い	😊 トールサイズに対して「ショートサイズ（小）」も使われます。

ZONE 1 [0001-0200]　ZONE 2 [0201-0400]　ZONE 3 [0401-0600]　ZONE 4 [0601-0800]　ZONE 5 [0801-1000]　まとめて覚える単語　ふろく

ZONE 2

単語 0201 - 0400

0291〜0300は普段の生活になじみの深い単語を集めました。headache「頭痛」などは、海外旅行中に体調を崩したときに使えるので、ここでしっかりチェックしておきましょう。

0281	sorry [sári] サリィ	形	残念だ・気の毒で	本来「心がヒリヒリ痛む」という意味で、I'm sorry.「ごめんなさい」やI'm sorry to hear that.「それを聞いて残念に思います」で使われます。
0282	wonderful [wΛ́ndərfl] ワンダフル	形	すばらしい	「不思議 (wonder) なすごいことがいっぱい (ful)」→「すばらしい」となりました。
0283	wet [wét] ウェット	形	ぬれた	「ウェットティッシュ」は「ぬれている (湿り気のある) ティッシュ」のことです。
0284	angry [ǽŋgri] アングリィ	形	怒って	be angry with〜「〜に怒っている」という形でよく使われます。
0285	famous [féiməs] フェイマス	形	有名な	be famous for〜「〜で有名だ」は外国人に日本の観光地を案内するときに欠かせない表現です。
0286	deep [dí:p] ディープ	形	深い	「ディープな世界」というのは「奥が深い世界」という意味です。
0287	dirty [də́:rti] ダーティ	形	汚い	dirtは「泥」という意味で、dirtの形容詞形がdirtyです。dirty clothes「汚れた服」のように文字通り「汚い」にも使いますが、「ダーティーなイメージの政治家」のように「イメージが汚い」にも使えます。
0288	boring [bɔ́:riŋ] ボーリング	形	退屈な	動詞boreは「退屈させる」という意味です。boringの直訳は「退屈させるような」です。「自分が退屈している」ときはboredを使うので注意してください。
0289	strong [strɔ́(:)ŋ] ストローング	形	強い	strongの変わった用法として、「濃いコーヒー」をstrong coffeeといいます。「コーヒーの香りが強い」という感じです。
0290	great [gréit] グレイト	形	すばらしい	もともとは「大きい」という意味で、そこから「(大きくて)すばらしい・偉大な」という意味になりました。
0291	horoscope [hɔ́(:)rəskòup] ホロスコープ	名	星座占い	「ホロスコープ」とは「占いのための天体の配置図」のことで、そこから「星座占い」となりました。
0292	fortune [fɔ́:rtʃən] フォーチュン	名	運勢	「占い (運勢を占うこと)」をfortune-tellingといいます。また、「フォーチューン・クッキー (fortune cookie)」とは、「中に運勢が書かれた紙が入ったクッキー」のことです。
0293	Post-it [póustit] ポウスティット	名	付箋 (ふせん)	もともと「商品名」でしたが、今では「ふせん」全般を指すときに使われるようになりました。
0294	fried rice [fráid ráis] フライドライス	名	チャーハン	日本人になじみのあるチャーハンですが、英語では「炒められた (fried) 米 (rice)」と表現します。
0295	housework [háuswə:rk] ハウスワーク	名	家事	「家の (house) 仕事 (work)」→「家事」です。
0296	child raising [tʃáild réiziŋ] チャイルド レイズィング	名	子育て	「子ども (child) を育てること (raising)」→「子育て」です。クイズ番組やギャンブルで「賭け金を上げる」ことを「raise」と使われていますが、「上げる」→「子どもの年を上げる」→「育てる」です。
0297	nursery [nə́:rsəri] ナーセリィ	名	保育園	nurseは「看護師」ですが、本来は「育てる人」です。「育てる人 (nurse) がいる場所 (ery)」ということです。
0298	stomachache [stΛ́məkeik] スタマクエイク	名	腹痛	acheは「痛み」(発音は「エイク」)で、「お腹の (stomach) 痛み (ache)」→「腹痛」です。stomachは「胃」と訳されることが多いですが、「お腹」と使われることも多いです。
0299	headache [hédèik] ヘデイク	名	頭痛	「頭 (head) 痛み (ache)」→「頭痛」です。have a headache「頭痛がする」のように、haveと一緒に使うことが多いです。
0300	fever [fí:vər] フィーヴァ	名	熱	「フィーバーする」のイメージが強いかもしれませんが、具合が悪いときの「熱」という意味でI have a fever.「私は熱がある」のように使います。

No.	単語	発音	品詞	意味	解説
0301	soon	[súːn] スーン	副	まもなく・すぐに	CMやネットで使われる「カミング・スーン」は「近日発売・近日公開（まもなく発売・公開）」という意味です。How soon ～？「あとどれくらいで?」は会話でよく使われます。
0302	anytime	[énitàim] エニタイム	副	いつでも	anyは「どんな～でも」という意味が基本です。「どんな（any）とき（time）でも」→「いつでも」です。
0303	anywhere	[énihwèər] エニウェア	副	どこでも	「どんな（any）場所（where）でも」→「どこでも」です。考え方はanytimeと同じです。
0304	anyway	[éniwèi] エニウェイ	副	とにかく	「どんな（any）方法（way）でもいいので」→「とにかく」です。「それまでのことはまあいいとして、とにかく」と肝心な話に移るときに使います。
0305	regularly	[régjələrli] レギュラリ	副	定期的に	形容詞regular「規則正しい」に「ly」がついて副詞化したのがregularly「定期的に」です。go to the dentist regularlyは「レギュラーな間隔で歯科医に行く」というイメージです。
0306	nowadays	[náuədèiz] ナウワデイズ	副	最近	「今（now）を含んだここ数日（days）」→「最近」と考えてください。「昔と違って最近は」というイメージで、現在形と一緒に使うことが多いです。
0307	recently	[ríːsntli] リーセントリ	副	最近	「(少し前から）最近は…」というイメージで、過去形、現在完了形で使います。
0308	instead	[instéd] インステッド	副	代わりに	"否定文. Instead, SV." で「～しない。その代わりにSVだ」の形でよく使われます。また、instead of ～「～の代わりに」も大切です。
0309	rather	[rǽðər] ラザー	副	むしろ・やや	否定文の後に使われて、「そうではなくてむしろ」と、その後に大事な内容が続くことが多いです。また、would rather ～ than...「…よりむしろ～したい」の形も重要です。
0310	therefore	[ðéərfɔ̀ːr] ゼアフォア	副	したがって	本来「そこへ（there）向かうために（for）」→「それゆえ」となりました。結論をいうときに使われます。
0311	else	[éls] エルス	副	そのほかに	単語の後ろにくっついて「～のほかに」となります。someone else「ほかのだれか」、What else can I do for you?「ほかに何か、私にできることある?」のように使います。
0312	ahead	[əhéd] アヘッド	副	前へ	「頭（head）が向いた方向に」→「前方に」です。また、「OK、いいですよ」という意味でGo ahead.がよく使われます。「あなたのしたいことを前へ進めていいですよ」というイメージです。
0313	hard	[háːrd] ハード	副	一生懸命に	本来は「激しく」の意味で、そこから「(気持ちが）激しく」→「熱心に・一生懸命に」となりました。形容詞で「難しい」という意味もあります。
0314	hardly	[háːrdli] ハードリ	副	ほとんど～ない	hardlyのhardは「難しい」という意味で「(難しくて）ほとんどできない」→「ほとんど～ない」と覚えてください。否定の意味になるのがポイントです。
0315	scarcely	[skéərsli] スケアスリィ	副	ほとんど～ない	形容詞scarce「不足している」から、「ほとんど～ない」という意味になりました。hardlyと同じ意味です。
0316	unfortunately	[ʌnfɔ́ːrtʃənətli] アンフォーチュネットリ	副	不運にも	fortunate「幸運な」に否定の意味のunがついて、unfortunate「不幸な・残念な」となり、さらに-lyがついて副詞になったのがunfortunatelyです。文頭でよく使われます。
0317	nearly	[níərli] ニアリ	副	ほとんど	「ほとんど」と訳されるのですが、「あともうちょっとで届きそう（まだ届かない）」というニュアンスもつかんでください。nearly 50なら、「もうちょっとで50」です（almost「ほとんど」も同じイメージ）。
0318	also	[ɔ́ːlsou] オールソウ	副	～もまた	「まったく（all）そのように（so）」→「～もまた」となりました。情報をつけ加えるときに使います。
0319	early	[ə́ːrli] アーリィ	副	早く	earlyは「(時間が）早く」で、fastは「(スピードが）速く」です。earlyとfastの両方とも形容詞の用法もあります。
0320	late	[léit] レイト	副	遅く	lateは「(時間的に）遅く」という意味です。ちなみにslowlyは「(スピードが）遅く」というときに使います。

0321	☑☐☐ ☐☐☐	**very** [véri] ヴェリ	副 とても	😊 veryは「とても」でおなじみですが、tooとの違いは、veryは「許容範囲内」であるということです。つまり「とても大きいけど、アリ」ということです。
0322	☑☐☐ ☐☐☐	**too** [túː] トゥー	副 ～すぎる・ ～もまた	😊 許容範囲内のveryと違って、tooは許容範囲外を表します。たとえばThis cake is too big. なら「大きすぎる（だから食べきれない）」となります。さらに文末に使って「～もまた」の意味もあります（Me, too.「私も」で有名です）。
0323	☑☐☐ ☐☐☐	**so** [sóu] ソウ	副 とても・そんなに	😊 veryより感情的な表現になります。単に「とても大きい」というならvery bigですが、so bigは「うわ～っ、めっちゃ大きい!」という感じです。
0324	✏️ ☑☐☐ ☐☐☐	**already** [ɔːlrédi] オールレディ	副 すでに・もう	😊 「全部 (all) 準備ができている (ready)」→「もうすでに」となりました。
0325	☑☐☐ ☐☐☐	**again** [əgén] アゲン	副 再び・また	😊 発音にいくつかバリエーションがあり、「アゲイン」だけでなく「アゲン・アギン」のように発音されることもあるのでリスニングでは注意してください。
0326	☑☐☐ ☐☐☐	**fluently** [flúːəntli] フルーエントリ	副 流ちょうに	😊 fluは「流れる」の意味で、「流れるように (話す)」→「流ちょうに」となりました。ちなみに「インフルエンザ (flu)」は「人体に流れるように入ってくるウイルス」でしたね。
0327	☑☐☐ ☐☐☐	**someday** [sʌ́mdèi] サムデイ	副 いつか	😊 「(未来の) ある (some) 日 (day)」→「いつか」です。some dayと2語にわけてもOKです。
0328	☑☐☐ ☐☐☐	**anymore** [ènimɔ́ːr] エニモーア	副 もはや	😊 not ～ anymore で「もはや～ない」のように、否定語と一緒に使われます。
0329	☑☐☐ ☐☐☐	**indeed** [indíːd] インディード	副 本当に	😊 強調の働きがあります。少し強めに「インディード」と言ってみると雰囲気が出ます。
0330	☑☐☐ ☐☐☐	**likely** [láikli] ライクリ	副 ありそうな	😊 likeには前置詞で「～のような」という意味があり、そこから「～のようにしそう・ありそう」となりました。be likely to ～「～しそうだ」の形でよく使われます。
0331	☑☐☐ ☐☐☐	**suddenly** [sʌ́dnli] サドゥンリ	副 突然に	😊 「突然ハッとする」ようなイメージの単語です。昔サッカーで使われた「サドンデス (突然死)」に形容詞suddenが使われていました。
0332	☑☐☐ ☐☐☐	**once** [wʌ́ns] ワンス	副 一度・かつて	😊 one「1」に由来する単語です。「かつて一度はあったけど」→「かつて」とイメージしてください。
0333	☑☐☐ ☐☐☐	**twice** [twáis] トゥワイス	副 2度	😊 oneがonceになったように、twoが変化したのがtwiceです。twice a weekで「週に2回」となります。
0334	☑☐☐ ☐☐☐	**maybe** [méibi(ː)] メイビ	副 ひょっとしたら	😊 「かもしれない (may) 存在する (be)」→「あるかもしれない」→「ひょっとしたら」となりました。
0335	☑☐☐ ☐☐☐	**perhaps** [pərhǽps] パハプス	副 たぶん	😊 perhapsはhappen「(偶然)起こる」と同じ語源です。「偶然 (haps) によって (per)」→「もしかすると」となります。断定できないときに使います。
0336	☑☐☐ ☐☐☐	**probably** [prάbəbli] プラバブリ	副 たぶん・おそらく	😊 「十中八九」のイメージです。
0337	☑☐☐ ☐☐☐	**sometime** [sʌ́mtàim] サムタイム	副 いつか	😊 「いつかある (some) 時 (time)」→「いつか」となりました。sometimes「ときどき」としっかり区別してください。
0338	✏️ ☑☐☐ ☐☐☐	**together** [təgéðər] トゥゲザ	副 一緒に	😊 together「一緒に」という単語は、「～へ (to) 集まる (gether=gather)」→「一緒に」となりました。Let's have lunch together.「一緒にお昼を食べよう」のように、人を誘うときにも使える単語です。
0339	☑☐☐ ☐☐☐	**always** [ɔ́ːlweiz] オールウェイズ	副 いつも	😊 「すべての (al=all) 道 (way)」をずっと」→「いつも」です。
0340	☑☐☐ ☐☐☐	**o'clock** [əklάk] オクラック	副 ～時	😊 clockは「時計」の意味で、o'clockはof the clockからきています。「時計上では」→「～時」となりました。

0341	usually [júːʒuəli] ユージュアリ	副 ふつう・たいてい	先頭の「usu」は本来「use」の意味で、「いつも使うような」→「たいていは」となりました。
0342	up [ʌ́p] アプ	副 上へ	upは熟語でよく用いられます。たとえばstand up「上に立つ」→「立ち上がる」、look up は「上を見る」→「見上げる」です。発展として「上」→「完了」のニュアンスがあることも頭の片隅に入れておいてください。
0343	down [dáun] ダウン	副 下へ	upと同様に熟語でよく使われます。「下へ」の意味で、たとえば、fall down「下へ落ちる」→「倒れる」という熟語があります。
0344	outside [àutsáid] アウトサイド	副 外に[で・へ]	「外(out)側(side)」→「外に[で・へ]」となりました。
0345	inside [insáid] インサイド	副 内側に・内部に	「中(in)側(side)」→「内側に・内部に」となりました。
0346	yesterday [jéstərdei] イエスタデイ	副 昨日は	yesterdayはビートルズの有名な曲のタイトルにもなっています。
0347	today [tədéi] トゥデイ	副 今日は	日本のニュース番組でも「今日の特集」などのときに「トゥデイ」という言葉がよく使われています。
0348	tonight [tənáit] トゥナイト	副 今晩は	tonightの「to」はtodayの「to」と考えれば「今日の夜」→「今晩」でいけますね。
0349	tomorrow [təmɔ́(ː)rou] トゥモロウ	副 明日は	単独でtomorrow「明日」のほかに、tomorrow morning「明日の朝」、the day after tomorrow「明後日」のようにも使います。
0350	here [híər] ヒア	副 ここで[に・へ]	hereは副詞なので、「ここへ来なさい」は×）Come to here. ではなく、◎）Come here. のように使います。会話では、相手に物を渡すときに使うHere you are.「はい、どうぞ」が重要です。
0351	there [ðéər] ゼア	副 そこで[に・へ]	thereも副詞なので、前置詞toをつけないように注意しましょう。×）go to thereではなく、◎）go thereです。
0352	only [óunli] オウンリ	副 ～だけ・たった	one「1つの」に由来する単語で、「たった1つの」→「～だけ」となりました。発音は「オンリー」ではなく「オウンリ」です。
0353	forward [fɔ́ːrwərd] フォーワード	副 前へ	サッカーやラグビーの「フォワード(forward)」は「前方にいる人」です。look forward to -ing「～するのを楽しみにする」という形でよく使われます(ちなみにtoは前置詞なので後ろには動名詞(-ing)がきます)。
0354	please [plíːz] プリーズ	副 どうぞ	命令文につくと、ほんの少しだけ丁寧な表現になります。
0355	out [áut] アウト	副 外で[に]	outは「外へ」で、up同様に熟語でよく使われます。out of ～は「～から外へ」という意味です。out of order「整理・整とん(order)の外へ(out of)」→「故障して」は海外のエレベーターなどで見かける表現です。
0356	not [nát] ナット	副 ～でない	文法で必ず出てくる単語ですね。主に「否定文」で使います。ちなみに「noは形容詞」で"no+名詞"で使います。使い方の違いに注意してください。
0357	alone [əlóun] アロウン	副 ひとりで	「まったく(al=all)1人(one)」→「ひとりぼっちで」となります。発音は「アローン」ではなく「アロウン」です。
0358	upstairs [ʌ́pstéərz] アプステアズ	副 上の階へ	stairsは「階段」という意味です。「上の(up)階(stairs)へ」ということです。海外のショッピングモールでよく耳にする単語です。
0359	abroad [əbrɔ́ːd] アブロード	副 海外へ[に]	travel abroad「海外旅行をする」のように使います(副詞なので前置詞toは不要)。そのほか、study abroad「海外で勉強する」→「留学する」もよく使います。
0360	overseas [óuvərsíːz] オウヴァースィーズ	副 海外へ[に]	「海(sea)を越えて(over)」→「海外へ」となりました。海を越えずに異国へ行くときはabroadを使っておきましょう。

ZONE 1 [0001 - 0200] ZONE 2 [0201 - 0400] ZONE 3 [0401 - 0600] ZONE 4 [0601 - 0800] ZONE 5 [0801 - 1000] まとめて覚える単語

0391～0400では、多くの信号にも使われている「LEDライト」、ニュースでもよく耳にする「AI」など、科学技術や仕事に関する単語を集めました。

0361	☑	**off** [ɔ(ː)f] オーフ	副	離れて	offは「離れて」です。turn off「電源を切る」という熟語は、「回線を分離 (off) させて電気が流れないようにする」イメージです。take off ～は「着ているものを分離させる」→「～を脱ぐ」と考えてください。
0362	☑	**away** [əwéi] アウェイ	副	離れて	awayは「遠くへ離れて」の意味で、run away「遠くへ走る」→「逃げる」,throw away「遠くへ投げる」→「捨てる」という熟語もよく使われます。
0363	☑	**far** [fɑːr] ファー	副	遠くに	far awayで「遠く離れて」となります。
0364	☑	**somehow** [sʌ́mhàu] サムハウ	副	なんとかして	「何らかの (some) 方法で (how)」→「なんとかして」となりました。
0365		**somewhere** [sʌ́mhwèər] サムウェア	副	どこかで[に]	「何かしら (some) の場所で (where)」→「どこかで」となりました。
0366		**everywhere** [évrihwèər] エヴリウェア	副	どこでも	「every (どんな～でも) where (場所)」→「どこでも」です。
0367		**gradually** [ɡrǽdʒuəli] グラジュアリ	副	徐々に	「グラデーション (gradation)」と語源が同じで、「色・明るさが徐々に・段階を経て、変化する」イメージです。
0368	✎	**just** [dʒʌ́st] ヂャスト	副	ちょうど	「ジャストフィット」は大きさが「ちょうど」合うことです。本来は「それ以上でもそれ以下でもない」という意味です。
0369		**however** [hauévər] ハウエヴァ	副	しかしながら	意味はbutに似ていますが、howeverは副詞なので、2つの文をつなぐことはできません。×) SV however SV. の形はダメです。◎) SV. However, sv. といった形で使います。
0370		**straight** [stréit] ストレイト	副	まっすぐに	野球の球種「ストレート」、「ストレートパーマ」など、「まっすぐな」という意味でよく使われています。発音は「ストレート」ではなく「ストレイト」です。
0371		**globally** [ɡlóub(ə)li] グロウバリ	副	世界的に	「グローバル」とは「世界的な」という意味で日本語でもよく使われます。「ly」がついて副詞globally「世界的に」となりました。
0372	☑	**ever** [évər] エヴァ	副	今までに	Have you ever 過去分詞 ～?「今までに～したことがありますか?」という形でよく使います。
0373	☑	**never** [névər] ネヴァ	副	決して～ない	「ない (ne=not) 今までに (ever)」→「never (一度も～ない)」です。notの仲間です。
0374	☑	**especially** [ispéʃəli] イスペシャリ	副	とりわけ・特に	especiallyにはspecial「特別な」というつづりが入っていますね。そこから「特に」とイメージしてください。
0375	✎ ☑	**actually** [ǽktʃuəli] アクチュアリ	副	実際は	この単語が会話で出たら、本心を切り出すときなど、直後に重要な内容がよくきます。「実はぶっちゃけ」というイメージです。
0376	✎ ☑	**still** [stíl] スティル	副	まだ	本来「静止して動かない」で、そこから「そのまま」→「まだ」となります。
0377	✎ ☑	**often** [ɔ(ː)fn] オーフン	副	しばしば	「オーフン」と「t」を発音しないものと習いますし、それが多数派ですが、「オフトゥン」のように発音される場合もあります。
0378	☑	**even** [íːvn] イーヴン	副	～でさえ	evenは副詞なのですが、超例外的な単語で、Even children know ～.「子どもでさえ～を知っている」のように名詞の前に置くこともよくあります。
0379	☑	**aloud** [əláud] アラウド	副	声に出して	形容詞のloudは「(声・音が) 大きい」という意味です。副詞aloudは「(無音ではなく) 声を出して」ということです。loudは「ボリュームの大小」、aloudは「スイッチのon・off」のイメージです。
0380	☑	**now** [náu] ナウ	副	今	Now on sale! は「ただ今発売中」の意味で、CMなどでよく使われています。

0381	well [wél] ウェル	副	よく・上手に	もともと「かなり」という強調の意味でした。know ～ wellなら「かなり知っている」→「よく知っている」ですし、play the piano wellなら「かなりピアノを弾く」→「上手にピアノを弾く」となりました。
0382	yet [jét] イェット	副	(疑問文で) もう・(否定文で) まだ	「まだ・もう」の場合は文末で使います。また、接続詞的に「しかし」という意味もあり、この場合は文頭で使われます。
0383	either [íːðər] イーザ	副	(否定文で)～も (ない)	(not) ～, either 「～も (ない)」のほか、either A or B 「A かB のどちらか一方」という形でもよく使います。
0384	certainly [sə́ːrtnli] サートゥンリ	副	確かに	形容詞certainに「ly」がついて副詞になりました。May I ～？「～してもいいですか？」に対する応答でCertainly.「もちろんです」と使われたりもします。
0385	then [ðén] ゼン	副	そのとき・そして・それならば	「そのとき」の意味のほかに、and then「そして」のように使われることが多いです。ボクは中学生のとき「そして・そのとき・それならば」とリズムよく覚えられたので、みなさんも試してみてください。
0386	sometimes [sʌ́mtàimz] サムタイムズ	副	ときどき	最後の「s」(sometimes)を忘れないようにしてください。sometimeだと「いつか」という意味になってしまいます。
0387	quite [kwáit] クワイト	副	かなり	quiteはほかの形容詞などを強調する働きがあります。quiet「静かな」とつづりが似ているので注意してください。
0388	back [bǽk] バック	副	後ろへ	backも多くの熟語で使われ、get backは「後ろへ行く」→「戻る」という意味です。ちなみに、名詞で「背中」という意味もあります。身体の後ろ側は「背中」ですね。
0389	home [hóum] ホウム	副	家に	名詞もありますが、副詞で使われることが圧倒的に多く、go home「帰宅する」などと使います (前置詞toは不要)。
0390	forever [fərévər] フォーエヴァ	副	永遠に	「フォーエバー」は物語・映画・歌詞など、いろいろなところで使われています。
0391	LED エルイーディー	名	LEDライト	LEDとはlight-emitting diodeの略で、「光 (light) を放つ (emit) ダイオード (diode)」→「発光ダイオード」です。青色LEDは、信号機・電光掲示板などに使用されています。
0392	technique [tekníːk] テクニーク	名	技術	日本語でも「技術」のことを「テクニック」といいますね。正確な発音は「テクニーク」です。
0393	brain [bréin] ブレイン	名	脳	日本語では「社長のブレイン」のようにも使われます。「影の頭脳として知恵を貸す人」のことです。
0394	automatic [ɔ̀ːtəmǽtik] オートマティク	形	自動の	automatic「自動の」は、そのまま「オートマチックの」と使われることもありますね (英語の発音は「オートマティク」)。
0395	AI エイアイ	名	人工知能	artificial intelligenceの略です。artificialは「人工の」、intelligenceは「知能」です。
0396	full-time [fúltaim] フルタイム	形	フルタイムの	最近は日本語でも、「正社員」を「フルタイム」といういい方をします。
0397	part-time [pɑ́ːrttaim] パートタイム	形	アルバイトの	「アルバイト (arbeit)」はドイツ語で、英語ではpart-time (job) です。日本語の「パートで働く」は主婦のイメージが強いですが、英語ではだれにでも使えます。
0398	to-do list トゥードゥー リスト	名	やらないといけないことのリスト	a list of things to do「するべきことのリスト」ということで、日本語でも社会人を中心にそのまま「トゥードゥーリスト」と使われています。
0399	gender [dʒéndər] ジェンダー	名	(社会的・文化的に見た) 性別	「女性の社会進出」で必ず出てくる単語です。「社会的・文化的な性の区分」に使われます。大学では、「ジェンダー論」といった授業があります。
0400	laptop [lǽptɑp] ラップトップ	名	ノートパソコン	日本語では「ノートパソコン」といいますが、英語では「ひざ (lap) の上 (top) に置く」→「ラップトップ型パソコン」です。ちなみにdesktop「デスクトップパソコン」は日本語でもそのまま使われていますね。

ZONE 2

次の英語の意味を❶〜❻から選びなさい。

01　(1) stomachache　(2) popular　　(3) big
　　(4) right　　　　(5) pretty　　　(6) high

> ❶ 右の・正しい ／ ❷ かわいい ／ ❸ 腹痛
> ❹ 人気のある ／ ❺ 高い ／ ❻ 大きい

02　(1) wonderful　(2) dark　　　(3) special
　　(4) fortune　　(5) good　　　(6) warm

> ❶ よい・上手な ／ ❷ すばらしい ／ ❸ 特別の
> ❹ 暖かい ／ ❺ 暗い ／ ❻ 運勢

03　(1) another　　(2) tall　　　(3) housework
　　(4) poor　　　(5) difficult　(6) happy

> ❶ 難しい ／ ❷ 幸せな・うれしい ／ ❸ (背が) 高い
> ❹ もう1つの・別の ／ ❺ 貧しい・かわいそうな ／ ❻ 家事

04　(1) small　　(2) different　(3) fast
　　(4) wrong　　(5) dangerous　(6) famous

> ❶ 違った ／ ❷ 間違った ／ ❸ 小さい
> ❹ 速い ／ ❺ 有名な ／ ❻ 危険な

05　(1) dirty　　(2) favorite　(3) shocked
　　(4) thirsty　(5) cool　　　(6) international

> ❶ 一番好きな ／ ❷ 国際的な ／ ❸ 涼しい・かっこいい
> ❹ 汚い ／ ❺ のどが渇いた ／ ❻ 衝撃を受けて

解 答

01	(1) ❸	(2) ❹	(3) ❻	(4) ❶	(5) ❷	(6) ❺
02	(1) ❷	(2) ❺	(3) ❸	(4) ❻	(5) ❶	(6) ❹
03	(1) ❹	(2) ❸	(3) ❻	(4) ❺	(5) ❶	(6) ❷
04	(1) ❸	(2) ❶	(3) ❹	(4) ❷	(5) ❻	(6) ❺
05	(1) ❹	(2) ❶	(3) ❻	(4) ❺	(5) ❸	(6) ❷

06
(1) interesting　(2) foreign　(3) expensive
(4) wet　　　　(5) nursery　(6) young

❶ 高価な ／ ❷ ぬれた ／ ❸ 外国の
❹ 保育園 ／ ❺ おもしろい ／ ❻ 若い

07
(1) free　　　(2) strange　(3) cold
(4) full　　　(5) deep　　　(6) strong

❶ いっぱいの ／ ❷ 深い ／ ❸ 自由な・暇な・無料の
❹ 強い ／ ❺ 奇妙な ／ ❻ 冷たい・寒い

08
(1) new　　　(2) quiet　　(3) cute
(4) tired　　(5) long　　(6) hot

❶ かわいい ／ ❷ 長い ／ ❸ 熱い・暑い
❹ 静かな ／ ❺ 疲れた ／ ❻ 新しい

09
(1) low　　　(2) soft　　(3) last
(4) sick　　(5) real　　(6) bad

❶ 悪い ／ ❷ 低い・安い ／ ❸ この前の・最後の
❹ 柔らかな ／ ❺ 気分が悪い ／ ❻ 現実の・本当の

10
(1) short　　(2) cheap　(3) hungry
(4) sad　　　(5) surprised　(6) slow

❶ 悲しい ／ ❷ 遅い ／ ❸ 空腹の
❹ 驚いて ／ ❺ 安い ／ ❻ 短い・背が低い

06 (1) ❺ (2) ❸ (3) ❶ (4) ❷ (5) ❹ (6) ❻
07 (1) ❸ (2) ❺ (3) ❻ (4) ❶ (5) ❷ (6) ❹
08 (1) ❻ (2) ❹ (3) ❶ (4) ❺ (5) ❷ (6) ❸
09 (1) ❷ (2) ❹ (3) ❸ (4) ❺ (5) ❻ (6) ❶
10 (1) ❻ (2) ❺ (3) ❸ (4) ❶ (5) ❹ (6) ❷

ZONE 2

次の英語の意味を❶～❻から選びなさい。

11　(1) well　　　(2) gradually　　(3) already
　　　(4) maybe　　 (5) alone　　　 (6) yesterday

> ❶ 徐々に ／ ❷ ひとりで ／ ❸ 昨日は
> ❹ よく・上手に ／ ❺ ひょっとしたら ／ ❻ すでに・もう

12　(1) soon　　　(2) hardly　　　(3) forever
　　　(4) actually　　(5) outside　　　(6) globally

> ❶ 外に[で・へ] ／ ❷ ほとんど～ない ／ ❸ 永遠に
> ❹ 世界的に ／ ❺ 実際は ／ ❻ まもなく・すぐに

13　(1) nowadays　(2) there　　　(3) suddenly
　　　(4) brain　　　(5) certainly　　(6) sometime

> ❶ 脳 ／ ❷ 突然に ／ ❸ 最近
> ❹ そこで[に・へ] ／ ❺ いつか ／ ❻ 確かに

14　(1) instead　　(2) early　　　(3) away
　　　(4) however　　(5) fluently　　(6) automatic

> ❶ 離れて ／ ❷ しかしながら ／ ❸ 代わりに
> ❹ 早く ／ ❺ 流ちょうに ／ ❻ 自動の

15　(1) abroad　　(2) recently　　(3) probably
　　　(4) often　　　(5) AI　　　　 (6) sometimes

> ❶ しばしば ／ ❷ 最近 ／ ❸ 人工知能
> ❹ ときどき ／ ❺ 海外へ[に] ／ ❻ たぶん・おそらく

解答

11	(1) ❹	(2) ❶	(3) ❻	(4) ❺	(5) ❷	(6) ❸
12	(1) ❻	(2) ❷	(3) ❸	(4) ❺	(5) ❶	(6) ❹
13	(1) ❸	(2) ❹	(3) ❷	(4) ❶	(5) ❻	(6) ❺
14	(1) ❸	(2) ❹	(3) ❶	(4) ❷	(5) ❺	(6) ❻
15	(1) ❺	(2) ❷	(3) ❻	(4) ❶	(5) ❸	(6) ❹

16
(1) ahead (2) even (3) rather
(4) quite (5) tonight (6) then

> ❶ むしろ・やや ／ ❷ 前へ ／ ❸ 今晩は
> ❹ 〜でさえ ／ ❺ かなり ／ ❻ そのとき・そして・それならば

17
(1) anytime (2) still (3) inside
(4) especially (5) nearly (6) only

> ❶ まだ ／ ❷ とりわけ・特に ／ ❸ 〜だけ・たった
> ❹ 内側に・内部に ／ ❺ いつでも ／ ❻ ほとんど

18
(1) far (2) just (3) technique
(4) therefore (5) twice (6) today

> ❶ 遠くに ／ ❷ したがって ／ ❸ ちょうど
> ❹ 2度 ／ ❺ 今日は ／ ❻ 技術

19
(1) ever (2) here (3) late
(4) always (5) indeed (6) once

> ❶ 一度・かつて ／ ❷ 本当に ／ ❸ いつも
> ❹ 遅く ／ ❺ ここで[に・へ] ／ ❻ 今までに

20
(1) again (2) somehow (3) never
(4) forward (5) aloud (6) either

> ❶ 前へ ／ ❷ なんとかして ／ ❸ (否定文で) 〜も (ない)
> ❹ 決して〜ない ／ ❺ 再び・また ／ ❻ 声に出して

---

16 (1) ❷ (2) ❹ (3) ❶ (4) ❺ (5) ❸ (6) ❻

17 (1) ❺ (2) ❶ (3) ❹ (4) ❷ (5) ❻ (6) ❸

18 (1) ❶ (2) ❸ (3) ❻ (4) ❷ (5) ❹ (6) ❺

19 (1) ❻ (2) ❺ (3) ❹ (4) ❸ (5) ❷ (6) ❶

20 (1) ❺ (2) ❷ (3) ❹ (4) ❶ (5) ❻ (6) ❸

ZONE 2

問 題

日本語が正しい英文の訳になるように、空所を埋めなさい。

（1）I am very excited.　すごく（　　　　　）います。

（2）There are many books here.　ここには（　　　　　）本があります。

（3）The flowers are beautiful.　その花は（　　　　　）です。

（4）I'm afraid of dogs.　犬が（　　　　　）です。

（5）I'm interested in world history.　私は世界史に（　　　　　）ます。

（6）Her grandmother is rich.　彼女のおばあさんは（　　　　　）です。

（7）The old woman likes to read.　その（　　　　　）女性は本を読むのが好きです。

（8）Schools must be safe.　学校は（　　　　　）でなければなりません。

（9）Cooking is not easy.　料理をするのは（　　　　　）ではありません。

（10）Your bag is heavy!　あなたのバッグは（　　　　　）ですね！

解 答

（1）I am very excited.　すごく（**ワクワクして・興奮して**）います。

（2）There are many books here.　ここには（**たくさんの・多くの**）本があります。

（3）The flowers are beautiful.　その花は（**美しい・きれい**）です。

（4）I'm afraid of dogs.　犬が（**怖い**）です。

（5）I'm interested in world history.　私は世界史に（**興味があり・興味を持ってい**）ます。

（6）Her grandmother is rich.　彼女のおばあさんは（**裕福・お金持ち**）です。

（7）The old woman likes to read.　その（**年をとった・年老いた**）女性は本を読むのが好きです。

（8）Schools must be safe.　学校は（**安全**）でなければなりません。

（9）Cooking is not easy.　料理をするのは（**簡単・容易**）ではありません。

（10）Your bag is heavy!　あなたのバッグは（**重い**）ですね！

(11) I have the same notebook. （　　　）ノートを持っています。

(12) The next station is Shinjuku. （　　　）駅は新宿です。

(13) I'm busy. 私は（　　　）です。

(14) We have enough cups. コップは（　　　）あります。

(15) This book is important. この本は（　　　）です。

(16) Is it true? それは（　　　）ですか？

(17) My mom was angry. 母は（　　　）いた。

(18) The movie was boring. その映画は（　　　）でした。

(19) I like to eat shrimp fried rice. えび（　　　）を食べるのが好きです。

(20) She has a slight fever. 彼女はわずかに（　　　）があります。

(11) I have the same notebook. （同じ）ノートを持っています。

(12) The next station is Shinjuku. （次の）駅は新宿です。

(13) I'm busy. 私は（忙しい）です。

(14) We have enough cups. コップは（十分）あります。

(15) This book is important. この本は（重要・大切）です。

(16) Is it true? それは（本当・真実）ですか？

(17) My mom was angry. 母は（怒って）いた。

(18) The movie was boring. その映画は（退屈・つまらないもの）でした。

(19) I like to eat shrimp fried rice. えび（チャーハン）を食べるのが好きです。

(20) She has a slight fever. 彼女はわずかに（熱）があります。

※ 訳は自然な日本語になるようにしていますので、たとえば代名詞が日本語に訳されていないことがあります。

ZONE 2

問 題

日本語が正しい英文の訳になるように、空所を埋めなさい。

(21) Anyway, let's go to the station. （　　　　）駅に行こう。

(22) My parents exercise regularly. 両親は（　　　　）運動します。

(23) My brother worked hard and won a prize. 兄は（　　　）がんばり、賞を勝ちとりました。

(24) Unfortunately, I cannot go. （　　　　）、私は行けません。

(25) I'm also from Chiba. 私（　　　　）千葉出身です。

(26) She is too young. 彼女は若（　　　　）ます。

(27) I want to go to the moon someday. （　　　　）月に行きたいです。

(28) This cake is so delicious! このケーキは（　　　　）おいしい！

(29) Perhaps this book will help you. （　　　　）この本があなたの役にたちます。

(30) We went to the park together. 私たちは（　　　　）公園に行きました。

解 答

(21) Anyway, let's go to the station. （とにかく・とりあえず）駅に行こう。

(22) My parents exercise regularly. 両親は（定期的に）運動します。

(23) My brother worked hard and won a prize. 兄は（一生懸命に・熱心に）がんばり、賞を勝ちとりました。

(24) Unfortunately, I cannot go. （不運にも・残念ながら）、私は行けません。

(25) I'm also from Chiba. 私（も・もまた）千葉出身です。

(26) She is too young. 彼女は若（すぎ）ます。

(27) I want to go to the moon someday. （いつか）月に行きたいです。

(28) This cake is so delicious! このケーキは（とても）おいしい！

(29) Perhaps this book will help you. （たぶん・もしかすると・ひょっとすると）この本があなたの役にたちます。

(30) We went to the park together. 私たちは（一緒に）公園に行きました。

(31) Come here at 11 o'clock.　11（　　　）にここに来てください。

(32) She usually does her homework.　彼女は（　　　）宿題をやってきます。

(33) I have a test tomorrow.　（　　　）テストがあります。

(34) Dad went upstairs.　お父さんは（　　　）行きました。

(35) There are cats everywhere in this café!　このカフェには（　　　）猫がいますね！

(36) Go straight, and turn left at the red building.　（　　）行って、赤いビルのところを左に曲ってください。

(37) I'm not done yet.　（　　　）終わっていません。

(38) My son wanted to go home.　息子は（　　　）帰りたがりました。

(39) I got a part-time job.　（　　　）仕事を始めました。

(40) Hikari uses a laptop at work.　ヒカリは仕事で（　　　）を使います。

---

(31) Come here at 11 o'clock.　11（時）にここに来てください。

(32) She usually does her homework.　彼女は（ふつう・たいてい・普段）宿題をやってきます。

(33) I have a test tomorrow.　（明日）テストがあります。

(34) Dad went upstairs.　お父さんは（上の階へ）行きました。

(35) There are cats everywhere in this café!　このカフェには（どこでも・そこら中に・いたるところに）猫がいますね！

(36) Go straight, and turn left at the red building.　（まっすぐ）行って、赤いビルのところを左に曲ってください。

(37) I'm not done yet.　（まだ）終わっていません。

(38) My son wanted to go home.　息子は（家に・自宅に）帰りたがりました。

(39) I got a part-time job.　（アルバイトの）仕事を始めました。

(40) Hikari uses a laptop at work.　ヒカリは仕事で（ノートパソコン）を使います。

※ 訳は自然な日本語になるようにしていますので、たとえば代名詞が日本語に訳されていないことがあります。

ZONE 1 [0001 - 0200]　ZONE 2 [0201 - 0400]　ZONE 3 [0401 - 0600]　ZONE 4 [0631 - 0800]　ZONE 5 [0801 - 1000]　まとめて覚える単語　ふろく

「単語を一気に片づける」メリット

Get motivated!

1000単語メソッドの「短期間で単語を覚える」ことのメリットはもはや言うまでもないことですが、実はほかにもいいことがあるんです。

❶ 今後の英語の勉強で、いちいち単語でつまずかない。よって、ストレスが激減して、ものすごく勉強がスムーズになる

❷ 単語に気をとられないので、文法の内容に集中できる

❸ 短期間で1000個も覚えたことが、ものすごい自信になる

とにかくストレスなく勉強できるようになるので、ボクは断言します。

「単語は一気にやったほうが絶対にいい」と。

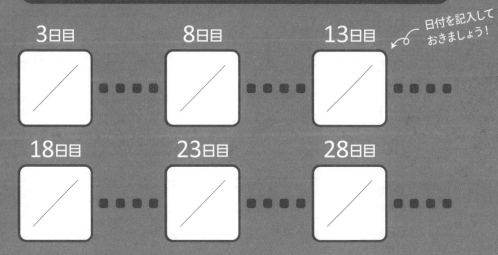

ZONE 3

単語 0401−0600

1ヵ月1000単語習得メソッドの

3日目　　　8日目　　　13日目

日付を記入して
おきましょう!

18日目　　　23日目　　　28日目

にやるべき ZONE のはじまりです

0401	remember [rimémbər] リメンバ	動	思い出す・覚えている	「re (再び) member (心に留めておく)」→「覚えている」です。
0402	judge [dʒʌ́dʒ] ジャッジ	動	判断する	日本語でも判断することを「ジャッジする」といったりします。
0403	communicate [kəmjúːnikèit] コミューニケイト	動	コミュニケーションをとる	よく「伝え合う・意志疎通をはかる」というような訳で勉強しますが、そのまま「コミュニケーションをとる」でOKです。
0404	recycle [riːsáikl] リサイクル	動	再利用する	日本語でも「リサイクルする」といいますね。「再び (re) 回す (cycle)」→「再利用する」です。
0405	hurry [hə́ːri] ハリ	動	急ぐ	Hurry up!「急げ!」という熟語を聞いたことがあるかもしれません。
0406	smoke [smóuk] スモウク	動	タバコを吸う	smokeと聞くと「煙」が思い浮かぶかもしれませんが、実は「タバコを吸う」という動詞で使われることが多いんです。
0407	marry [mǽri] マリ	動	結婚する	marry Mari「マリと結婚する」と覚えてしまいましょう。
0408	drop [dráp] ドゥラップ	動	落ちる・落とす	「ドロップアウト」は組織や社会などから落ちこぼれることです。「落ち込む」イメージで覚えてください。
0409	cry [krái] クライ	動	泣く・叫ぶ	「しくしく泣く」にも使えますが、まずは「泣き叫ぶ」と覚えてください。
0410	touch [tʌ́tʃ] タッチ	動	触れる	日本語でも触れることを「タッチする」といいますね。つづりはtouchの「ou」の部分に注意してください。
0411	visit [vízət] ヴィズィット	動	訪れる	visit Kyoto「京都を訪れる」のように直後に名詞を置きます。goとは使い方 (例：go to Kyoto) が異なるので、×) visit to Kyotoとしないように注意してください。
0412	solve [sálv] サルヴ	動	解決する・解く	もともと「溶かす」という意味で、「問題を溶かす」→「解決する」となりました。
0413	join [dʒɔ́in] ジョイン	動	参加する	「加わる」「仲間に入る」「一緒に～する」という感覚でよく使われる単語です。
0414	believe [bilíːv] ビリーヴ	動	信じる	believe 囚「囚のいうことを信じる」でよく使われます。
0415	repeat [ripíːt] リピート	動	繰り返す	英語の授業で先生がRepeat after me.「私の後に続いて繰り返してください」って言いますよね。
0416	explain [ikspléin] イクスプレイン	動	説明する	「ex (外へ) plain (シンプルな)」→「(情報を) 外へ出してシンプルにする」→「説明する」となりました。
0417	destroy [distrɔ́i] ディストロイ	動	破壊する	「de」には「下へ」という意味があります。「(建物などを) 下へやる」→「破壊する」と覚えてください。
0418	prepare [pripéər] プリペア	動	準備する	「前もって (pre) 並べる (pare)」→「準備する」となりました。
0419	carry [kǽri] キャリ	動	運ぶ	carryのつづりにcar「車」があるので「車で運ぶ」と覚えてください。実際は車に限りません。
0420	thank [θǽŋk] サンク	動	感謝する	Thank you.「ありがとう」はもともと「あなたに感謝します」が直訳です。

0421	spend [spénd] スペンド	動 過ごす	「時間・お金を使う」という意味です。spend 時間 –ing 「時間を〜して過ごす」、spend お金 on 〜 「お金を〜に使う」の形で使います。
0422	pay [péi] ペイ	動 支払う	Apple Payでpay「支払う」が使われています。また、「払う」から「注意を 払う」という意味で、pay attention to 〜「〜に注意を払う」という熟語もあります。
0423	appear [əpíər] アピア	動 現れる	「現れる」というと大げさですが、単純に「(テレビなどに)出る」というときもappear on TVのように使えます。
0424	disappear [disəpíər] ディサピア	動 消える	「dis(否定)appear(現れる)」→「消える」です。
0425	attend [əténd] アテンド	動 出席する	本来は「心を向ける」という意味です(「キャビンアテンダント」は「飛行機内でお客さんに心を向ける人」です)。そこから「出席する・世話をする」という意味になりました。
0426	check [tʃék] チェク	動 確認する	日本語でも「確認する」ことを「チェックする」と使いますよね。
0427	catch [kætʃ] キャッチ	動 つかまえる	釣れた魚を逃がしてあげることを「キャッチアンドリリース」といいます。
0428	release [rilíːs] リリース	動 解放する	release fish to the river「魚を川に放す」のように具体的に何かを解放するという意味のほか、「新曲をリリースする」という使われ方もします。「一般に解放して販売する」という意味です。
0429	reach [ríːtʃ] リーチ	動 届く・着く	reachは名詞として「腕の長さ」という意味もあります。「腕を伸ばす」→「届く」と覚えましょう。
0430	jump [dʒʌ́mp] ジャンプ	動 ジャンプする・跳ぶ	つづりに注意してください。jump at 〜で「〜に飛びつく・飛び乗る」という意味です。
0431	collect [kəlékt] コレクト	動 集める	名詞collection「コレクション(収集)」はすでに日本語にもなっています。collectionの動詞形がcollect「集める」です。
0432	cover [kávər] カヴァ	動 覆う	日本語でも覆うことを「カバーする」といいますね。受動態にしたbe covered with 〜「〜で覆われている」も重要です。
0433	bake [béik] ベイク	動 焼く	「ベイクトチーズケーキ」は「焼かれたチーズケーキ」ということです(bakedのこと)。
0434	enter [éntər] エンタ	動 入る	名詞entranceは「入り口」のことで、日本語でも「エントランス」といいますね。entranceの動詞形がenter「入る」です。
0435	grow [gróu] グロウ	動 育てる	「ぐいぐい大きくなる」イメージです。「グロウ!」という響きが何か伸びていく感じです。
0436	wish [wíʃ] ウィシュ	動 望む・願う	会話で I wish you good luck.「幸運を願っています」で使われます。
0437	boil [bɔ́il] ボイル	動 ゆでる・沸かす	boiled eggで「ゆで卵(ゆでられた卵)」という意味になります。
0438	lock [lák] ラック	動 カギをかける	カギをかけることを「ロックする」といったりします。
0439	forget [fərgét] フォゲット	動 忘れる	forget to 〜「(これから)〜するのを忘れる」の形で出てきます。Don't forget to 〜「〜するのを忘れないでね」は会話でもよく使います。
0440	push [púʃ] プッシュ	動 押す	ドアやエレベーターなどのボタンにPUSHと書いてありますね。

0441	☑☐☐ ☐☐☐	**hit** [hít] ヒット	動 打つ	野球のヒットは「(球をバットで) 打つ」ということです。
0442	☑☐☐ ☐☐☐	**continue** [kəntínjuː] コンティニュー	動 続ける	"to be continued …" 「(次回に) 続く」とテレビドラマの最後で使われる動詞です。
0443	☑☐☐ ☐☐☐	**decide** [disáid] ディサイド	動 決める	本来は「スパッと切る」という意味で、ほかの選択肢を切り捨て、するべきことをスパッと「決める」という意味の動詞です。
0444	☑☐☐ ☐☐☐	**understand** [ʌ̀ndərstǽnd] アンダスタンド	動 理解する	「下に (under) 立つ (stand)」から、物事の下に立って、しっかり根本から理解するイメージを持ってください。
0445	☑☐☐ ☐☐☐	**win** [wín] ウィン	動 勝ちとる	「勝つ」と習うことが多いですが、win the first prizeで「一等賞を勝ちとる」、つまりwinはget「得る」と同じ感覚で覚えておくとよいでしょう。
0446	☑☐☐ ☐☐☐	**kill** [kíl] キル	動 殺す	「戦争などで亡くなった」というときは「殺された」と考えて、受動態be killedとなります。
0447	☑☐☐ ☐☐☐	**support** [səpɔ́ːrt] サポート	動 支える	サッカーなどで「応援して選手やチームを支える人」を「サポーター (supporter)」といいます。
0448	☑☐☐ ☐☐☐	**mean** [míːn] ミーン	動 意味する	What do you mean by ○○?「○○ってどういう意味ですか?」は会話で重宝します。
0449	☑☐☐ ☐☐☐	**happen** [hǽpn] ハプン	動 起こる	名詞happening「ハプニング」はおなじみですが、動詞形がhappen「起こる」です。
0450	☑☐☐ ☐☐☐	**put** [pút] プット	動 置く	熟語put on ～は「体に接触するように (on) 置く (put)」→「～を身につける」で、衣服以外に、帽子やメガネなどにも使えます。
0451	☑☐☐ ☐☐☐	**build** [bíld] ビルド	動 建てる	buildは「コツコツ積み上げていく」感じです。「ボディビルダー (body-builder)」は「毎日コツコツ筋肉を積み上げていく人」のことです。
0452	☑☐☐ ☐☐☐	**knock** [nák] ナック	動 ノックする	日本語でも「ドアをノックする」といいますね。最初の「k」は発音しません。know「知っている」の「k」と同じ発想です。
0453	☑☐☐ ☐☐☐	**notice** [nóutəs] ノウティス	動 気づく	「何かにパッと気づく」イメージで、動詞「気づく」のほかに、名詞「注意・通知・掲示」の意味もあります。
0454	☑☐☐ ☐☐☐	**worry** [wɔ́ːri] ウァリィ	動 心配する	Don't worry.「心配しないで」は有名です。また、worry about ～「～を心配する」という形も重要です。
0455	☑☐☐ ☐☐☐	**miss** [mís] ミス	動 ～しそこなう・～がいなくてさびしく思う	「間違える」という意味ではなく「～しそこなう」という意味でおさえておきましょう。また、I miss you.「あなたがいなくてさびしい」は、歌詞でもよく使われます。
0456	☑☐☐ ☐☐☐	**waste** [wéist] ウェイスト	動 無駄にする	ゴミを出さない「ゼロ・ウェイスト (zero waste) 運動」というものがあります。
0457	☑☐☐ ☐☐☐	**brush** [brʌ́ʃ] ブラッシュ	動 磨く	「歯ブラシ」のイメージで「磨く」と覚えてください。動詞でよく使う単語です。
0458	☑☐☐ ☐☐☐	**discover** [diskʌ́vər] ディスカヴァ	動 発見する	disには「否定」の意味があるので、「dis (否定) cover (覆う)」→「カバーをとる」→「発見する」ということです。
0459	☑☐☐ ☐☐☐	**ride** [ráid] ライド	動 乗る	「またがって乗る」イメージです。昔の「仮面ライダー」はバイクに乗っています (rider)。
0460	☑☐☐ ☐☐☐	**wear** [wéər] ウェア	動 着ている	日本語では「トレーニングウェア」のように名詞のイメージですが、「着ている」という動詞の使い方も大切です (「着る」という動作はput on)。

DAY

No.	単語	意味	解説
0461	**wake** [wéik] ウェイク	動 目を覚ます	get upは「起きあがる（そして活動する）」イメージですが、wake upは「目が覚める」ことを表します。
0462	**introduce** [ìntrəd(j)úːs] イントゥロデュース	動 紹介する・導入する	音楽の最初に流れてくる前奏部分を「イントロ」といいますね。「曲の導入部分」という意味です。
0463	**choose** [tʃúːz] チューズ	動 選ぶ	名詞choice「選択」で、「買い物でいいチョイスをする」ということがあります。choiceの動詞形がchooseです。
0464	**lift** [líft] リフト	動 持ち上げる	フィギュアスケートで「リフト」は男性が女性を持ち上げる演技のことです。
0465	**cheer** [tʃíər] チア	動 励ます	「チアリーディング」とは「選手を励まして応援する競技」です。
0466	**answer** [ǽnsər] アンサ	動 答える	「解答用紙」のことをan answer sheetといいます。また、「質疑応答」の意味のQ & Aはquestion and answerの略です。
0467	**hope** [hóup] ホウプ	動 望む・願う	日本語では名詞「望み」でおなじみですが（将来の活躍を望まれていたり期待されている人材を「期待のホープ」といったりします）、動詞で直後にtoをとること（hope to 原形）もチェックしてください。
0468	**sell** [sél] セル	動 売る	sell-sold-soldと変化する不規則動詞です。sold out「ソールドアウト」は「売り切れ」という意味です。ちなみにsoldの発音は「ソウルド」です。
0469	**welcome** [wélkəm] ウェルカム	動 歓迎する	「ウェルカムパーティー（welcome party）」とは「歓迎会」のことです。
0470	**act** [ǽkt] アクト	動 行う	戦うシーンなどの人の動きを中心とした映画のことを「アクション映画」といいます。actionの動詞形がact「行う」です。
0471	**save** [séiv] セイヴ	動 救う・蓄える	「ライフセイバー」は「溺れた人などの命を助ける人」のことです。
0472	**borrow** [bɔ́(ː)rou] バロウ	動 借りる	borrowは移動がともなうものを借りるときに使います。ちなみに「トイレを借りる」というときはborrowではなくuseを使い、May I use the bathroom?「トイレを借りてもいいですか?」のように使います。
0473	**ring** [ríŋ] リング	動 （ベルや電話などが）鳴る	昔の電話は「リン、リン（ring）」と鳴ったことに由来します。
0474	**pull** [púl] プル	動 引く	ドアに "PULL" とあれば、引いてドアを開けるということです。
0475	**pick** [pík] ピック	動 つまむ	ギターの「ピック」は弦をつまむイメージです。
0476	**climb** [kláim] クライム	動 登る	「ロッククライミング（岩場をよじ登ること）」で聞いたことがある人も多いと思います。climbの最後の「b」は発音しません。
0477	**invite** [inváit] インヴァイト	動 招待する	「インビテーションカード（invitation card）」とは「招待状」のことです。invitationの動詞形がinviteで、invite 人 to ~「人を~に招待する」の形が大事です。
0478	**lead** [líːd] リード	動 導く	グループなどの「リーダー（leader）」とは、その集団を「leadする（導く）」人のことです。
0479	**wonder** [wʌ́ndər] ワンダー	動 不思議に思う	「~かしらと思う」と習うことが多いのですが、「不思議に思う」で覚えてください。
0480	**lose** [lúːz] ルーズ	動 失う	名詞のlossは「時間をロスする（時間を失って無駄にしてしまう）」のように日本語でも使います。その動詞形がloseです。

ZONE 3-2 0441-0480

ZONE 3
単語 0401 - 0600

0491～0500では主に「ごみ問題」に関する単語を集めました。「環境問題」の1つである「ごみ問題」は日本だけでなく、世界中で関心の高い話題となっています。

No.	単語	品詞	意味	解説
0481	receive [risíːv] レスィーヴ	動	受けとる	バレーボールなどの「レシーブ」は、「相手の球を受けること」という意味です。
0482	fail [féil] フェイル	動	失敗する	fail in ～「～に失敗する」という熟語が重要です。
0483	expect [ikspékt] イクスペクト	動	予期する	「外を (ex) 見る (spect)」→「先のことを見る」→「予期する」となりました。
0484	exchange [ikstʃéindʒ] イクスチェインヂ	動	交換する	海外旅行に行くと外貨両替所に "EXCHANGE" と書いてあります。
0485	hold [hóuld] ホウルド	動	持つ・開催する	もともと「抱きかかえる」イメージです。「イベントをまるごと抱きかかえる」→「開催する」となりました。
0486	throw [θróu] スロウ	動	投げる	サッカーでボールを投げ入れることを「スローイン (throw-in)」といいます。
0487	surf [sə́ːrf] サーフ	動	インターネットを見て回る	本来「(海で) サーフィンをする」という意味ですが、インターネットなどの普及により「ネットサーフィンをする」という意味でも使われるようになりました。
0488	shut [ʃʌ́t] シャット	動	閉じる	パソコンの「シャットダウン」はパソコンを「閉じる」ことです。
0489	rise [ráiz] ライズ	動	昇る・上がる	「日の出」のことをsunriseといいます。The sun rises in the east.「太陽は東から昇る」と使われます。
0490	raise [réiz] レイズ	動	上げる・育てる	中学校の英語の授業で、ネイティブの先生がRaise your hand.「手をあげてください」といいます。後ろに名詞を続けて「～を上げる」という意味で使います。
0491	resource [ríːsɔ̀ːrs] リーソース	名	資源	単に「資源」というだけでなく、ビジネスでも「リソースを確保する」と使われますが、これは「資源となる人・時間・お金などを確保する」という意味なんです。
0492	reuse [riːjúːz] リユーズ	動	再利用する	「再び (re) 使う (use)」→「再利用する」です。
0493	eco-friendly [éːko fréndli] エコフレンドリィ	形	環境に優しい	日本語でも「エコ」と使いますが、これはeco-friendlyで「生態系・環境に優しい」ということです。
0494	recyclable [riːsáikləbl] リサイカブル	形	再利用可能な	「リサイクル (recycle) できる (able)」→「再利用可能な」です。
0495	separate [sépərèit] セパレイト	動	分ける (分別する)	「陸上の短距離コースで、各レーンが1つ1つ離れたコース」を「セパレートコース」といいます。
0496	degree [digríː] ディグリィー	名	程度・度	greeはgrade「成績・階級」と関連があり、一歩一歩段階が上がるイメージから「程度」となりました。「(温かさ・寒さの) 程度」→「度」となります。
0497	reduce [rid(j)úːs] リデュース	動	減らす	環境問題の話で必須の単語です。社会科見学で「3R (Reduce、Reuse、Recycle)」を習った人も多いでしょう。
0498	trash [trǽʃ] トラッシュ	名	ごみ	「ごみ箱」のことを英語でtrash canということがあります。また、trashを使ったことわざで、One man's trash is another man's treasure.「ある人にとってのごみは、別の人にとっては宝 (人の価値観は違うもの)」があります。
0499	garbage [gáːrbidʒ] ガービッヂ	名	ごみ	もともと「動物の内臓」という意味があり、そこから主に「家庭から出るごみ」を指すようになりました。
0500	dust [dʌ́st] ダスト	名	ちり	dustは「(細かい) ちり」を指します。stardust は「星のちり」→「星くず」という意味です。

066

0501	fact [fǽkt] ファクト	名 事実	in fact「実は」は、読解でも会話でも重要な熟語です。
0502	luck [lʌ́k] ラック	名 運	Good luck!「幸運を祈るよ!」でおなじみです。ちなみにluckの形容詞形がlucky「ラッキーな・幸運な」です。
0503	college [kɑ́liʤ] カリッジ	名 大学	主に工業大学や医科大学などの「単科大学」によく使われます。
0504	university [jù:nəvə́:rsəti] ユニヴァースィティ	名 大学	universalは「全体の」という意味があり、college「単科大学」に対して、universityは「総合大学」によく使われます。
0505	idea [aidí:ə] アイディア	名 考え	アクセントは「アイディーア」のように後ろを強く読みます。
0506	job [ʤɑ́b] ジャブ	名 仕事	"Good job!" は「よくやった」というときのほめ言葉です。
0507	hobby [hɑ́bi] ハビィ	名 趣味	英語でのhobbyは、「わりと本気で時間とお金をかけて行う趣味」のことを指します。
0508	company [kʌ́mpəni] カンパニ	名 会社・仲間	「一緒に (com) パン (pany) を食べる」→「仲間」、「(仲間が集まって作る) 会社」となりました。
0509	art [ɑ́:rt] アート	名 芸術	画家やミュージシャンのことをartist「アーティスト」といいますね。
0510	museum [mju:zí:əm] ミューズィーアム	名 博物館・美術館	「ミューズィーアム」と読みます。発音をミスしやすい単語です。
0511	picture [píktʃər] ピクチャ	名 写真・絵	take pictures「写真を撮る」、draw a picture「絵を描く」のように使います。
0512	culture [kʌ́ltʃər] カルチャ	名 文化	海外へ行ったときに味わう「カルチャーショック」とは「異文化に触れて感じた驚き・困惑」のことです。
0513	country [kʌ́ntri] カントリ	名 国・いなか	「いなか」の意味も大事です。お菓子の「カントリーマアム」は「(アメリカの) いなかのお母さん」の手作りクッキーをイメージしたものです。
0514	airport [éərpò:rt] エアポート	名 空港	「空の (air) 港 (port)」→「空港」になりました。
0515	tower [táuər] タウァ	名 タワー・塔	「東京タワー」のタワーですが、英語の発音は「タウァ」です。
0516	cafeteria [kæ̀fətíəriə] キャフェティアリア	名 食堂	本来はおしゃれなカフェのことではなく「食堂」のことを指します。
0517	pool [pú:l] プール	名 プール	もとの意味である「よどみ」から「たまり場」→「プール」となりました。ちなみに「タクシーが待機している (たまっている) 場所」のことを「タクシープール」といったりします。
0518	stadium [stéidiəm] ステイディアム	名 競技場	「スタジアム」はすで日本語にもなっていますね。英語の発音は「ステイディアム」です。
0519	beach [bí:tʃ] ビーチ	名 砂浜・浜辺	「砂浜でバレーボールをすること」を「ビーチバレー」といいます。
0520	weather [wéðər] ウェザ	名 天気・天候	「天気予報」のことを英語でweather forecastといいます。How's the weather in 場所?「場所の天気はどうですか?」はよく使う会話表現です。

ZONE 1 [0001 - 0200]　ZONE 2 [0201 - 0400]　ZONE 3 [0401 - 0600]　ZONE 4 [0601 - 0800]　ZONE 5 [0801 - 1000]　まとめて覚える単語　ふろく

0521 ☑□□ □□□	**cloud** [kláud] クラウド	名 雲	「クラウドに保存する」は「雲の上にあるデータ」というイメージです。
0522 ☑□□ □□□	**north** [nɔ́ːrθ] ノース	名 北	地図には北を示す記号として "N" と書かれていますが、これはnorthのことです。
0523 ☑□□ □□□	**east** [íːst] イースト	名 東	「JR 東日本」は英語にすると "East Japan Railway Company" です。新幹線の車体に書かれていることがあるので機会があれば確認してみてください。
0524 ☑□□ □□□	**south** [sáuθ] サウス	名 南	南アフリカ共和国は英語でRepublic of South Africaです。
0525 ☑□□ □□□	**west** [wést] ウェスト	名 西	「太陽は西に沈む」はThe sun sets in the west. です(英語では方角を「範囲」としてとらえるので、前置詞はinを使います)。
0526 ☑□□ □□□	**trip** [tríp] トゥリップ	名 旅行・移動	tripは「旅行」だけでなく、ちょっとした「移動」や「外出」にも使えます。
0527 ☑□□ □□□	**way** [wéi] ウェイ	名 道・方法	「道」→「何かをするための道」→「方法」となりました。
0528 ☑□□ □□□	**place** [pléis] プレイス	名 場所 動 置く	本来は「ある場所に置く」で、名詞の意味のほか、動詞「置く」の意味もあります。
0529 ✎☑□□ □□□	**breakfast** [brékfəst] ブレクファスト	名 朝食	眠っている間のfast「断食」を朝起きてbreak「壊す」という意味です。発音は「ブレクファスト」です。
0530 ☑□□ □□□	**lunch** [lʌ́ntʃ] ランチ	名 昼食	日本語でも「お昼ご飯」より「ランチ」のほうが浸透してきている気がします。つづりはlunchですが、英語の発音は「ランチ」です。
0531 ☑□□ □□□	**dinner** [dínər] ディナ	名 夕食	豪華な食事のイメージです。
0532 ✎☑□□ □□□	**chorus** [kɔ́ːrəs] コーラス	名 合唱	日本語の「コーラス」で、意味も発音もバッチリです。つづりが難しいので、趣味や部活のことを書く機会がありそうな人は、つづりをしっかり練習しておいてください。
0533 ☑□□ □□□	**price** [práis] プライス	名 値段・価格	広告で「スペシャルプライス」などと使われています。「値段が高い」にはhighを、「安い」には (highの反対の) lowを使います。
0534 ☑□□ □□□	**information** [ìnfərméiʃən] インフォメイション	名 情報	デパートの「インフォメーションセンター」は、店内の「情報」を教える場所です。informationは数えられない名詞で、anがついたり複数形になったりはしません。英語では「情報は目に見えないので、数えない」という発想です。
0535 ☑□□ □□□	**dish** [díʃ] ディッシュ	名 皿・料理	もともとは「円いもの」という意味でそこから「皿」→「(皿にのっている) 料理」となりました。「メインディッシュ」のときは「料理 (主菜)」の意味ですよね。
0536 ☑□□ □□□	**sea** [síː] スィー	名 海	seaもoceanも「海」ですが、oceanは比較的大きい海(「太平洋」「大西洋」など)を指し、seaはそれらよりも小さな海を指すことが多いです(例:the South China Sea「南シナ海」)。
0537 ☑□□ □□□	**backpack** [bǽkpæk] バックパック	名 リュックサック	「背中 (back) に背負う包み・荷物 (pack)」という意味です。最近では日本語でも「バックパック」ということがあります。
0538 ☑□□ □□□	**lady** [léidi] レイディ	名 婦人	大統領夫人のことを「ファーストレディ」といいます。英語の発音は「レイディ」です。
0539 ✎☑□□ □□□	**bridge** [brídʒ] ブリッジ	名 橋	小学校の体育でよくやった「ブリッジ」は「橋」の形からきています。
0540 ☑□□ □□□	**power** [páuər] パウワ	名 力	幅広く「力」という意味で使える単語です。an economic power「経済大国」なら「(経済において) 力を持っている国」ですし、power plant「発電所」は「電力を生み出す場所」ということです。

0541	tour [túər] トゥア	名	ツアー・旅行	「トゥア」と発音されます。海外旅行で耳にしますし、リスニング試験でもよく出てきます。
0542	holiday [hálədèi] ハリデイ	名	休日	キリスト教の考え方で「神聖な (holy) 日 (day)」というのがもともとの意味です。
0543	police [pəlíːs] ポリース	名	警察	パトカーの車体にもPOLICEと書いてあります。アクセントは「ポリース」です。「リ」を強く読んでください。
0544	suit [súːt] スート	名	スーツ	「同じ生地で作った上下ひとそろいの服」をsuitといいます。
0545	suitcase [súːtkèis] スートケイス	名	スーツケース	suitは「上下ひとそろいの服」という意味でした。それが入るくらい大きなカバンがsuitcaseです。
0546	lake [léik] レイク	名	湖	「琵琶湖」など湖の名前はLake BiwaのようにLakeを先にいいます。Biwa Lakeといわないようにしてください。
0547	side [sáid] サイド	名	側・横	電車の車内アナウンスでThe doors on the left side (of the train) will open.「電車の左側のドアが開きます」と流れてくるので聞いてみてください。
0548	part [páːrt] パート	名	部分	「(合唱の) パート」とは全体の中の「一部分」ということです。
0549	earth [ə́ːrθ] アース	名	地球	「地球」という意味で使う場合、必ずthe Earthのようにtheがつきます。
0550	moon [múːn] ムーン	名	月	the earth同様、the moonのようにtheがつきます。天体の名前は1つに特定されるのでtheがつくわけです。
0551	sun [sʌ́n] サン	名	太陽	「日光 (sunshine・sunlight)」でsunが使われていますね。ちなみにsonは「息子」という意味なので注意してください。
0552	forest [fɔ́(ː)rəst] フォーレスト	名	森	woodも「森」を表しますが、forestは野生動物が住んでいるような「大きな森」に使うことが多いです。
0553	farm [fáːrm] ファーム	名	農場	中学校の地理の授業で「パイロットファーム」が出てきます。「実験農場」のことです (ちなみに「パイロット」には「試験的な」という意味があります)。
0554	dollar [dálər] ダラ	名	ドル	35 dollarsを、記号を使って表現する場合は "$35" と表記します ($の記号が数字の前にきます)。
0555	yen [jén] イェン	名	(通貨の) 円	dollar「ドル」は複数形 (dollars) になりますが、yenは複数形も同じyenのままです。
0556	language [lǽŋgwiʤ] ラングウィッジ	名	言語	ボディーランゲージは「身振り手振り (を使った言語)」ということです。
0557	life [láif] ライフ	名	人生・生活・生命・生物	核となる意味は「生」です。「人生・生活・生命・生物」すべてに「生」という漢字が使われていますね。
0558	size [sáiz] サイズ	名	サイズ・大きさ	海外で買い物するときに意外と出てこないのがsizeなんです。bigなんていわないように注意してください。
0559	problem [prábləm] プラブレム	名	問題	試験の「問題」以外に「トラブル」の意味でも使える便利な単語です。
0560	question [kwéstʃən] クウェスチョン	名	質問	Q & A「質疑応答」のQはquestionのことです。学校の英語の授業で先生がDo you have any questions?「何か質問はありますか?」と問いかけることがあります。

ZONE 3

単語 0401 - 0600

最近では世界中で、気候変動（climate change）に関連する様々な問題が議論されています。0591～0600は環境問題がテーマの英語でよく使われる単語やキーワードです。世界共通のテーマを理解するのに必要な単語です。

No.	単語	発音	意味	解説
0561	example [igzǽmpl] イグザンプル	名	例	for example「たとえば」という表現が大事です。
0562	magazine [mǽgəzi:n] マガズィーン	名	雑誌	雑誌のタイトルに「○○マガジン」とついていることがあります。ボクの高校入試のとき、とある高校で書き取り問題で出た単語です。
0563	title [táitl] タイトル	名	タイトル・題名	もとは「石碑に彫った名」です。そこから「題名」という意味になりました。スポーツでも優勝したときに「タイトルをとる」といいますが、これは記念の石碑にその名を刻むイメージです。
0564	album [ǽlbəm] アルバム	名	アルバム	複数の曲を集めたCDなどもアルバムといいます。「何かを1つにまとめたもの」のイメージです。
0565	photograph [fóutəgrǽf] フォウトグラフ	名	写真	「pho」の部分は「フォウ」と発音します。photographはネイティブにとっても長いようでphotoとなるときもあります。
0566	umbrella [ʌmbrélə] アンブレラ	名	傘	アクセントは後ろにきます。「アンブレラ」のように「レ」を強く読んでください。
0567	stamp [stǽmp] スタンプ	名	切手	昔は郵便物に切手ではなくハンコを押していて、その名残りでstampが「切手」を意味するようになったんです。
0568	pair [péər] ペア	名	1組・ペア	a pair of ～「1組[対]の～」という形でa pair of shoes「1足の靴」のように、「2つで1つのもの」を数えるときに使います。他にも「手袋（a pair of gloves）」、「靴下（a pair of socks）」のように使います。
0569	year [jíər] イヤ	名	年	「新年」をNew Yearといいます。また、年齢をいうときもI'm fifteen years old.「私は15歳です」のように使います。
0570	day [déi] デイ	名	日	every day「毎日」という表現でよく使いますね。「デー」ではなく「デイ」と発音します。
0571	top [táp] タップ	名	頂上	「頂上」、「一番上」という意味で、山などの「頂上」のほか、「最重要人物」や「（ランキングで）一番上の人」を指すこともできます。
0572	pond [pánd] パンド	名	池	実は日本にある比較的小さな湖もpondといわれることがあります。
0573	bank [bǽŋk] バンク	名	銀行	「○○バンク」と使われることがありますね。
0574	vacation [veikéiʃən] ヴェイケイション	名	休暇	「vac」は「空っぽ」という意味で「仕事が空っぽ（vac）の日」→「休暇」という意外な語源です。また、vacationの「ca」は「ケー」ではなく「ケイ」と発音します。
0575	air [éər] エア	名	空気・大気	車の「エアバッグ（airbag）」は「事故のときに瞬間的に袋に空気が入り衝撃を緩和する装置」です。
0576	chance [tʃǽns] チャンス	名	機会・チャンス	本来「偶然」で、「機会・可能性」の意味で用いられることが多い単語です。日本語の「チャンス」の意味ではあまり使われません（その場合はopportunityという単語を使います）。
0577	grade [gréid] グレイド	名	学年	英語圏で学年は通算で数えるので、たとえば中学1年生はseventh grade（7年生）といいます。
0578	word [wə́:rd] ワード	名	単語・言葉	「キーワード（keyword）」とは「カギとなる重要な（key）言葉（word）」のことです。
0579	plant [plǽnt] プラント	名	植物	もともとは動詞の「植える」があり、「植えるもの」→「植物」という意味が出てきました。
0580	hour [áuər] アウァ	名	時間	つづりは「h」で始まりますが、この「h」は発音しません。hourは「アウァ」と発音します。

0581	minute [mínət] ミニット	名 分	💬 Just a minute.「ちょっと待って」という会話表現で使います（Just a moment. やJust a second. も同じ意味で使えます）。
0582	rocket [rάkət] ラキット	名 ロケット	💬 日本語も「ロケット」そのままです。ちなみに「打ち上げ花火」のことをskyrocketといいます。
0583	kind [káind] カインド	名 種類 形 親切な	💬 名詞はa kind of ～「～の一種」、形容詞としてはbe kind to ～「～に親切にする」という形で使われます。
0584	toy [tɔ́i] トイ	名 おもちゃ	💬 おもちゃ屋さんの名前や映画のタイトルなど、いろいろなところで使われている単語です。
0585	river [rívər] リヴァ	名 川	💬 "the ～"だけで「～川」という意味で使えます。つまり、「信濃川」ならthe Shinano RiverでももOKということです。
0586	stone [stóun] ストウン	名 石	💬 世界遺産にも登録されている「ストーンヘンジ（Stonehenge）」はイギリスにあり、「円形に並んだ巨石」が立っている場所です。発音は「ストーン」ではなく「ストウン」です。
0587	thing [θíŋ] スィング	名 こと・もの	💬 the most important thingで「最も大切なこと」となります。
0588	stage [stéidʒ] ステイジ	名 ステージ・段階	💬 もともと「舞台（ステージ）」の意味で、そこから「現時点で立っている場所」→「段階・時期」となりました。「ステージに立つ」なら「舞台」、「最終ステージ」なら「段階」のことですね。
0589	shower [ʃáuər] シャウワ	名 にわか雨	💬 文字どおり「シャワー」の意味もありますが、「シャワーのように降る雨」→「にわか雨」と考えてください。
0590	mistake [mistéik] ミステイク	名 間違い	💬 「誤って（mis）とる（take）こと」→「間違い」です。make a mistakeで「ミスをする」という形でよく使われます。
0591	glacier [gléiʃər] グレイシャ	名 氷河	💬 「gl」には「キラッと輝く」イメージがあります（glass「ガラス」などで使われています）。地球温暖化の話（氷河が溶けている）でよく出てきます。
0592	solar [sóulər] ソウラ	形 太陽の	💬 「ソーラーパネル」とは「太陽光で発電するパネル」のことです。solar energy「太陽エネルギー」、solar power generation「太陽光発電」などの話でもよく使われます。
0593	tropical [trάpikl] トラピカル	形 熱帯の	💬 tropicalは「熱帯の」という意味で、「トロピカルジュース」とは、「熱帯地方で採れる果物を使ったジュース」です。ちなみにtropical fishで「熱帯魚」です。
0594	island [áilənd] アイランド	名 島	💬 islandの「s」は発音しません。「アイランド」です。ちなみに日本のような島国のことをisland countryといいます。
0595	continent [kάntənənt] カンティネント	名 大陸	💬 「どこまでも続く（continue）陸地」→「大陸」となりました。
0596	replace [ripléis] リプレイス	動 取りかえる	💬 「一度置いたものをもう一度（re）別の場所に置く（place）」→「取りかえる」。replace A with Bの形が重要で、Aがなくなりこが手元に残るイメージです。
0597	effect [ifékt] イフェクト	名 結果・効果・影響	💬 「外に（ef=ex）出てきたもの」→「結果・効果・影響」となります。3つも訳語がありますが、どれも重要なので、リズミカルに「結果・効果・影響」と覚えてみてください。
0598	shortage [ʃɔ́ːrtidʒ] ショーティッジ	名 不足	💬 shortは「短い」ですが、「ある到達点までの距離が短い」→「不足した」となり、その名詞形がshortageです。
0599	Celsius [sélsiəs] セルシアス	名 摂氏	💬 摂氏温度計を作ったスウェーデンの学者の名前がそのまま使われています。It's 25 degrees Celsius outside.「外は25度です」のように使われます。Celsiusの代わりにcentigradeという単語が使われることもあります（発音は「センティグレイド」）。
0600	Fahrenheit [fǽrənhàit] ファーレンハイト	名 華氏	💬 華氏温度計を作ったドイツ人の名前がそのまま使われました。英米では華氏を使うことが多いので、数字が大きくても驚かないようにしてください（華氏86度≒摂氏30度）。

ZONE 1 [0001 - 0200]　ZONE 2 [0201 - 0400]　ZONE 3 [0401 - 0600]　ZONE 4 [0601 - 0800]　ZONE 5 [0801 - 1000]　まとめて覚える単語　ふろく

ZONE 3

問題

次の英語の意味を❶〜❻から選びなさい。

01
| (1) sell | (2) worry | (3) touch |
| (4) expect | (5) grow | (6) forget |

❶ 育てる ／ ❷ 心配する ／ ❸ 予期する
❹ 売る ／ ❺ 触れる ／ ❻ 忘れる

02
| (1) judge | (2) reuse | (3) exchange |
| (4) attend | (5) climb | (6) answer |

❶ 答える ／ ❷ 交換する ／ ❸ 出席する
❹ 再利用する ／ ❺ 登る ／ ❻ 判断する

03
| (1) release | (2) pick | (3) introduce |
| (4) recycle | (5) kill | (6) destroy |

❶ 破壊する ／ ❷ 紹介する・導入する ／ ❸ つまむ
❹ 再利用する ／ ❺ 殺す ／ ❻ 解放する

04
| (1) fail | (2) reduce | (3) believe |
| (4) lift | (5) enter | (6) discover |

❶ 持ち上げる ／ ❷ 信じる ／ ❸ 失敗する
❹ 発見する ／ ❺ 減らす ／ ❻ 入る

05
| (1) build | (2) carry | (3) spend |
| (4) hold | (5) surf | (6) boil |

❶ 過ごす ／ ❷ 建てる ／ ❸ 持つ・開催する
❹ ゆでる・沸かす ／ ❺ 運ぶ ／ ❻ インターネットを見て回る

解答

01 (1) ❹ (2) ❷ (3) ❺ (4) ❸ (5) ❶ (6) ❻

02 (1) ❻ (2) ❹ (3) ❷ (4) ❸ (5) ❺ (6) ❶

03 (1) ❻ (2) ❸ (3) ❷ (4) ❹ (5) ❺ (6) ❶

04 (1) ❸ (2) ❺ (3) ❷ (4) ❶ (5) ❻ (6) ❹

05 (1) ❷ (2) ❺ (3) ❶ (4) ❸ (5) ❻ (6) ❹

06 (1) appear (2) hope (3) notice
(4) marry (5) communicate (6) win

❶ 結婚する ／ ❷ コミュニケーションをとる ／ ❸ 現れる
❹ 望む・願う ／ ❺ 気づく ／ ❻ 勝ちとる

07 (1) invite (2) raise (3) garbage
(4) wake (5) ride (6) happen

❶ 招待する ／ ❷ 乗る ／ ❸ 上げる・育てる
❹ 起こる ／ ❺ ごみ ／ ❻ 目を覚ます

08 (1) cry (2) solve (3) cheer
(4) pull (5) catch (6) throw

❶ つかまえる ／ ❷ 泣く・叫ぶ ／ ❸ 解決する・解く
❹ 励ます ／ ❺ 投げる ／ ❻ 引く

09 (1) support (2) lead (3) knock
(4) wear (5) cover (6) pay

❶ 着ている ／ ❷ ノックする ／ ❸ 導く
❹ 覆う ／ ❺ 支える ／ ❻ 支払う

10 (1) hurry (2) push (3) lose
(4) act (5) brush (6) bake

❶ 急ぐ ／ ❷ 失う ／ ❸ 磨く
❹ 押す ／ ❺ 焼く ／ ❻ 行う

06 (1) ❸ (2) ❹ (3) ❺ (4) ❶ (5) ❷ (6) ❻

07 (1) ❶ (2) ❸ (3) ❺ (4) ❻ (5) ❷ (6) ❹

08 (1) ❷ (2) ❸ (3) ❹ (4) ❻ (5) ❶ (6) ❺

09 (1) ❺ (2) ❸ (3) ❷ (4) ❶ (5) ❹ (6) ❻

10 (1) ❶ (2) ❹ (3) ❷ (4) ❻ (5) ❸ (6) ❺

ZONE 1 [0001 - 0200]　ZONE 2 [0201 - 0400]　ZONE 3 [0401 - 0600]　ZONE 4 [0601 - 0800]　ZONE 5 [0801 - 1000]　まとめて覚える単語　ふろく

ZONE 3

次の英語の意味を❶〜❻から選びなさい。

11　(1) company　(2) south　(3) forest
(4) price　(5) minute　(6) bank

❶ 値段・価格 ／ ❷ 森 ／ ❸ 分
❹ 会社・仲間 ／ ❺ 南 ／ ❻ 銀行

12　(1) pair　(2) stadium　(3) country
(4) kind　(5) problem　(6) air

❶ 種類・親切な ／ ❷ 空気・大気 ／ ❸ 国・いなか
❹ 問題 ／ ❺ 競技場 ／ ❻ 1組・ペア

13　(1) top　(2) university　(3) part
(4) lady　(5) word　(6) lake

❶ 婦人 ／ ❷ 頂上 ／ ❸ 大学
❹ 湖 ／ ❺ 単語・言葉 ／ ❻ 部分

14　(1) dish　(2) dollar　(3) hobby
(4) river　(5) place　(6) moon

❶ 場所・置く ／ ❷ 趣味 ／ ❸ 川
❹ ドル ／ ❺ 月 ／ ❻ 皿・料理

15　(1) backpack　(2) title　(3) sun
(4) dinner　(5) job　(6) power

❶ タイトル・題名 ／ ❷ 太陽 ／ ❸ 力
❹ 仕事 ／ ❺ リュックサック ／ ❻ 夕食

解 答

11　(1) ❹　(2) ❺　(3) ❷　(4) ❶　(5) ❸　(6) ❻

12　(1) ❻　(2) ❺　(3) ❸　(4) ❶　(5) ❹　(6) ❷

13　(1) ❷　(2) ❸　(3) ❻　(4) ❶　(5) ❺　(6) ❹

14　(1) ❻　(2) ❹　(3) ❷　(4) ❸　(5) ❶　(6) ❺

15　(1) ❺　(2) ❶　(3) ❷　(4) ❻　(5) ❹　(6) ❸

16
(1) tour　　　(2) way　　　(3) culture
(4) holiday　　(5) thing　　(6) weather

❶ 道・方法 ／ ❷ 文化 ／ ❸ 天気・天候
❹ こと・もの ／ ❺ 休日 ／ ❻ ツアー・旅行

17
(1) tropical　　(2) information　(3) sea
(4) earth　　　(5) shortage　　(6) bridge

❶ 地球 ／ ❷ 不足 ／ ❸ 橋
❹ 海 ／ ❺ 熱帯の ／ ❻ 情報

18
(1) museum　　(2) life　　　(3) question
(4) north　　　(5) police　　(6) trip

❶ 警察 ／ ❷ 質問 ／ ❸ 博物館・美術館
❹ 旅行・移動 ／ ❺ 北 ／ ❻ 人生・生活・生命・生物

19
(1) solar　　　(2) cafeteria　(3) art
(4) umbrella　　(5) cloud　　(6) toy

❶ 傘 ／ ❷ 食堂 ／ ❸ おもちゃ
❹ 雲 ／ ❺ 太陽の ／ ❻ 芸術

20
(1) plant　　　(2) luck　　　(3) magazine
(4) farm　　　(5) chance　　(6) lunch

❶ 雑誌 ／ ❷ 植物 ／ ❸ 運
❹ 昼食 ／ ❺ 機会・チャンス ／ ❻ 農場

16　(1) ❻　(2) ❶　(3) ❷　(4) ❺　(5) ❹　(6) ❸

17　(1) ❺　(2) ❻　(3) ❹　(4) ❶　(5) ❷　(6) ❸

18　(1) ❸　(2) ❻　(3) ❷　(4) ❺　(5) ❶　(6) ❹

19　(1) ❺　(2) ❷　(3) ❻　(4) ❶　(5) ❹　(6) ❸

20　(1) ❷　(2) ❸　(3) ❶　(4) ❻　(5) ❺　(6) ❹

ZONE 3

日本語が正しい英文の訳になるように、空所を埋めなさい。

（１） I don't remember. （　　　　）いません。

（２） You can't smoke here. ここでは （　　　　） ません。

（３） I dropped my phone. ケータイを （　　　　） ました。

（４） I visited my grandfather's house. 祖父の家を （　　　　） ました。

（５） I'll explain it to you. 私がそれをあなたに （　　　　） ましょう。

（６） I checked today's weather. 今日の天気を （　　　　） ました。

（７） My daughter likes to collect stickers. 娘はシールを （　　　　） のが好きです。

（８） Please continue. （　　　　） ください。

（９） I decided to buy a laptop. ノートパソコンを買おうと （　　　　） ました。

（10） Do you understand what I am saying? 私が言っていること、（　　　　） ますか？

（１） I don't remember. （覚えて） いません。

（２） You can't smoke here. ここでは （タバコを吸え・喫煙でき） ません。

（３） I dropped my phone. ケータイを （落とし） ました。

（４） I visited my grandfather's house. 祖父の家を （訪れ・訪問し） ました。

（５） I'll explain it to you. 私がそれをあなたに （説明し） ましょう。

（６） I checked today's weather. 今日の天気を （確認し・チェックし） ました。

（７） My daughter likes to collect stickers. 娘はシールを （集める・収集する） のが好きです。

（８） Please continue. （続けて） ください。

（９） I decided to buy a laptop. ノートパソコンを買おうと （決め・決心し） ました。

（10） Do you understand what I am saying? 私が言っていること、（理解してい・わかり） ますか？

(11) "Tomodachi" means "friend" in Japanese. "Tomodachi" は日本語で「友だち」という（　　　）です。

(12) Choose one. １つ（　　　）ください。

(13) Don't waste your time on that. そんなことで時間を（　　　）ないで。

(14) I saved money and went to Europe. 私はお金を（　　　）てヨーロッパに行きました。

(15) Can I borrow your pen? あなたのペンを（　　　）てもいいですか？

(16) The phone is ringing. 電話が（　　　）いますよ。

(17) I wonder why he is so smart. 彼がどうしてあんなに賢いのか（　　　）です。

(18) We all received a prize. 全員が賞品を（　　　）ました。

(19) This bag is recyclable. この袋は（　　　）できます。

(20) Let's reduce the amount of trash. （　　　）の量を減らそう。

---

(11) "Tomodachi" means "friend" in Japanese. "Tomodachi" は日本語で「友だち」という（ 意味 ）です。

(12) Choose one. １つ（ 選んで ）ください。

(13) Don't waste your time on that. そんなことで時間を（ 無駄にし・浪費し ）ないで。

(14) I saved money and went to Europe. 私はお金を（ 貯め ）てヨーロッパに行きました。

(15) Can I borrow your pen? あなたのペンを（ 借り ）てもいいですか？

(16) The phone is ringing. 電話が（ 鳴って ）いますよ。

(17) I wonder why he is so smart. 彼がどうしてあんなに賢いのか（ 不思議 ）です。

(18) We all received a prize. 全員が賞品を（ 受けとり・もらい ）ました。

(19) This bag is recyclable. この袋は（ 再利用・リサイクル ）できます。

(20) Let's reduce the amount of trash. （ ごみ ）の量を減らそう。

※ 訳は自然な日本語になるようにしていますので、たとえば代名詞が日本語に訳されていないことがあります。

問題

日本語が正しい英文の訳になるように、空所を埋めなさい。

(21)　In fact, she reads 10 books every week.　（　　　　　）に、彼女は週に10冊本を読む。

(22)　That's a good idea!　いい（　　　　　）ですね！

(23)　Your suitcase is big!　あなたの（　　　　　）は大きいですね！

(24)　I only have 150 yen left.　あと150（　　　　　）しか持っていません。

(25)　The size is too big.　（　　　　　）が大きすぎます。

(26)　What language does she speak?　彼女はどの（　　　　　）を話すの？

(27)　My sister likes to take pictures of plants.　姉は植物の（　　　）を撮るのが好きです。

(28)　The airport was crowded.　その（　　　　）は混んでいました。

(29)　This hotel has a swimming pool.　このホテルにはスイミング（　　　）があります。

(30)　Did you eat breakfast today?　今日は（　　　　）を食べましたか？

解答

(21)　In fact, she reads 10 books every week.　（ 実際 ）に、彼女は週に10冊本を読む。

(22)　That's a good idea!　いい（考え・案・アイディア）ですね！

(23)　Your suitcase is big!　あなたの（スーツケース）は大きいですね！

(24)　I only have 150 yen left.　あと150（円）しか持っていません。

(25)　The size is too big.　（サイズ）が大きすぎます。

(26)　What language does she speak?　彼女はどの（言語・言葉）を話すの？

(27)　My sister likes to take pictures of plants.　姉は植物の（写真）を撮るのが好きです。

(28)　The airport was crowded.　その（空港）は混んでいました。

(29)　This hotel has a swimming pool.　このホテルにはスイミング（プール）があります。

(30)　Did you eat breakfast today?　今日は（朝食・朝ごはん）を食べましたか？

(31) For example, my cat sleeps 12 hours a day.　（　　　）、私のネコは1日12時間寝ます。

(32) It snows here all year long.　ここでは1（　　　）中、雪が降ります。

(33) I eat oranges every day.　毎（　　　）オレンジを食べます。

(34) What did you do during the summer vacation?　夏（　　　）の間、何をしていましたか？

(35) What grade are you in?　あなたは何（　　　）ですか？

(36) The event is two hours long.　イベントは2（　　　）あります。

(37) He likes to collect stones.　彼は（　　　）を集めるのが好きです。

(38) I'm sorry, I made a mistake.　すみません、（　　　）ました。

(39) I want to go to an island in Southeast Asia.　東南アジアの（　　　）に行きたいです。

(40) I replaced the tulip with a rose.　チューリップをバラに（　　　）ました。

---

(31) For example, my cat sleeps 12 hours a day.　（たとえば）、私のネコは1日12時間寝ます。

(32) It snows here all year long.　ここでは1（年）中、雪が降ります。

(33) I eat oranges every day.　毎（日）オレンジを食べます。

(34) What did you do during the summer vacation?　夏（休み）の間、何をしていましたか？

(35) What grade are you in?　あなたは何（年生）ですか？

(36) The event is two hours long.　イベントは2（時間）あります。

(37) He likes to collect stones.　彼は（石）を集めるのが好きです。

(38) I'm sorry, I made a mistake.　すみません、（間違え）ました。

(39) I want to go to an island in Southeast Asia.　東南アジアの（島）に行きたいです。

(40) I replaced the tulip with a rose.　チューリップをバラに（取りかえ・置きかえ）ました。

※ 訳は自然な日本語になるようにしていますので、たとえば代名詞が日本語に訳されていないことがあります。

単語を覚える実感は「視力が上がる」ようなもの

Get motivated!

単語力を視力にたとえてみます。100 語覚えると、視力が 0.1 上がるようなイメージを持ってください。これはこれですごいことですが、外の景色を見て、実感を持てることはないでしょう。つまり、100 個の単語を覚えても（もちろんその分の力はアップしてはいますが）実感としては持ちにくいんです。

これが 1000 語覚えれば、視力が 1.0 上がるくらいの変化があります。視力 0.2 の人が 1.2 になれば、見える世界がガラリと変わりますね。単語でも、それくらいの変化が起きるはずです。

ZONE 4

単語 0601 - 0800

1ヵ月1000単語習得メソッドの

4日目

9日目

14日目

日付を記入して
おきましょう！

19日目

24日目

29日目

にやるべき ZONE のはじまりです

ZONE 4

単語 0601 - 0800

0601	delicious [dilíʃəs] デリシャス	形 おいしい	もともと「すっかりとりこにしてしまう」という意味があり、「とりこにしてしまうくらいおいしい」ということです。delicious自体「とてもおいしい」という意味なのでvery goodとはいっても、very deliciousとはいいません。
0602	asleep [əslíːp] アスリープ	形 眠って	つづりにsleep「眠る」があります。asleepは形容詞なのでbe動詞と一緒に使ったり、そのほかfall asleep「眠りに落ちる」という熟語で使ったりします。
0603	elementary [èləméntəri] エレメンタリィ	形 初歩の	「小学校」は初歩的な学力形成をすることから、elementary schoolといいます。
0604	junior [dʒúːnjər] ジュニア	形 年下の	「ジュニア」には小さいイメージしかないかもしれませんが、juniorは本来「年下の」という意味です。junior high schoolで「中学校」という意味です（high school「高校」の年下の学校というイメージ）。
0605	senior [síːnjər] スィニア	形 年上の	「シニア」と聞くと「老人」を浮かべるかもしれませんが、本当は「年上の」という意味なんです。少年野球で「シニア」と呼ばれる部門もあります（「ジュニア」部門に比べて、年上の中学生が参加するため）。
0606	serious [síəriəs] スィアリアス	形 深刻な・本気の	「シリアスなドラマ」とは「重くて深刻な雰囲気のドラマ」のことです。
0607	helpful [hélpfl] ヘルプフル	形 役立つ	「役立つことが（help）いっぱい（ful）」→「役に立つ」となります。ちなみにusefulも同じような意味です。
0608	excellent [éksələnt] エクセレント	形 すばらしい	本来は「ふつうを超える（excell=excel）くらいすばらしい」です。相手をほめるときにExcellent! ということがあります。
0609	direct [dərékt] ディレクト	形 直接の	海外へ向かう飛行機でdirect flightといえば「直行便」ということです。
0610	fresh [fréʃ] フレッシュ	形 新鮮な	「フレッシュジュース」は「新鮮なジュース」という意味です。
0611	major [méidʒər] メイジャ	形 主要な（メジャーな）	「メジャーリーグ」「メジャーデビュー」などプラスイメージが強いですが、major problem「主な問題」のように使われることもあります。
0612	comfortable [kámftəbl] カンフタブル	形 快適な	「ストレスを感じない」というのが根底にある意味です。くつろいで過ごすのに「快適な」というイメージです。
0613	normal [nɔ́ːrml] ノーマル	形 ふつうの	自動車のタイヤで雪道用のスタッドレスタイヤに対して、ふつうの道を走るときのタイヤを「ノーマルタイヤ」といったりします。
0614	unique [juːníːk] ユーニーク	形 独特の	「ユニークな人」と聞くと「おもしろい人」と思いがちですが、正しくは「独特の」という意味なんです。
0615	rare [réər] レア	形 まれな	「珍しいもの」を「レアもの」といったりしますね。
0616	wild [wáild] ワイルド	形 野生の	「ワイルド」と聞くと「荒っぽい」というイメージを浮かべる人が多いと思いますが、「野生・自然のままの」というのがもとの意味です。
0617	terrible [térəbl] テラブル	形 ひどい	terribleは「テロ」と関連があり、「怖がらせるような」という意味です。日本語の「ひどい」に相当する単語で、a terrible painは「ひどい痛み」となります。
0618	smart [smáːrt] スマート	形 賢い	数学の先生が「スマートに解く」というのは「賢く解く」という意味です。日本語で使う「スマートな（細い）体型」というような意味はないので注意してください。
0619	own [óun] オウン	形 自分自身の 動 所有する	日本語の「オーナー（owner）」とは「所有者」のことですね。そこから形容詞「自分自身の」となります。所有格 own 名詞 の語順で「〜自身の名詞」という意味です。
0620	public [páblik] パブリク	形 公共の	「パブリックビューイング（public viewing）」は、大型スクリーンを使って中継し、多くの人に公開することをいいます。「みんなの」というイメージです。

082

0621	necessary [nésəsèri] ネセセリィ	形 必要な	仮主語のItを使った構文で、It is necessary to ～「～する必要がある」の形でよく用いられます。また、会話ではYou can use my laptop, if necessary. 「もし必要なら私のノートパソコンを使ってもいいですよ」のように使います。
0622	sweet [swíːt] スウィート	形 甘い	「スイーツ（sweets）」は甘いお菓子などの総称です。
0623	total [tóutl] トウタル	形 全部の	日本語でも「合計」のことを「トータル」といったりします。英語の発音は「トータル」ではなく「トウタル」と発音します。
0624	clear [klíər] クリア	形 きれいな	動詞の意味もあり、ゲームで「クリアする」といいますが、「そのステージをきれいに片付ける」ということです。そこから、形容詞は「（片付けられて）きれいな」となりました。
0625	rough [rʌ́f] ラフ	形 おおざっぱな	「おおざっぱな」という意味から、下書きや未完成品のこともroughといいます。ちなみに「ou」は「ア」、「gh」は「フ」と発音します。
0626	nervous [nə́ːrvəs] ナーヴァス	形 緊張している	日本語での「ナーバスな状態」とは「緊張している状態」のことです。
0627	honest [ɑ́nəst] アネスト	形 正直な	to be honest「正直に言って」という熟語が会話でよく出てきます。ちなみに語頭の「h」は発音せず「アネスト」のように読みます。
0628	final [fáinl] ファイナル	形 最後の	「ファイナル公演」などと使われます。ちなみに「fin」には「終わり」という意味があります（finishも「終える」という意味ですね）。
0629	possible [pɑ́səbl] パサブル	形 可能な・可能性がある	助動詞canが形容詞になったようなイメージで、canと同じように、「可能な」と「可能性がある」という2つの意味を持ちます。It is possible (for 人) to ～「（人が）～するのは可能だ」という構文でよく使います。
0630	impossible [impɑ́səbl] インパサブル	形 不可能な	possibleに「否定」の意味の「im」をつけたのがimpossibleです。possibleのようにItを主語にした文でよく使われます。
0631	digital [dídʒitl] ディジタル	形 デジタルの	digital cameraは「情報をデジタル化して撮るカメラ」のことです。
0632	common [kɑ́mən] カモン	形 共通の・ふつうの	commonは、「世間一般に広まっている」→「よくある」という意味です。common senseなら、「世間一般に広まっている感じ方」=「常識」となります。
0633	rude [rúːd] ルード	形 失礼な	raw「生の」という単語と語源が同じで、「（行動が）生の・むき出しの」→「気をつかわずそのまま」→「失礼な」となりました。
0634	thick [θík] スィック	形 厚い	もともと「太った」「密集した」という意味があり、そこから「厚い」という意味になりました。
0635	thin [θín] スィン	形 薄い・やせた	「十分に広げた」がもとの意味で、そこから「薄い」、人や動物であれば「やせた」となります。thickとまぎらわしいですが、thickは5字、thinは4字で、thinのほうが「薄い」わけです。
0636	online [ɑːnláin] アンライン	形 オンラインの	「インターネット回線（line）に触れて（on）」ということです。
0637	giant [dʒáiənt] ジャイアント	形 巨大な	「ギリシア神話の巨人」に由来する単語です。プロ野球の巨人軍はGiantsですね。
0638	flat [flǽt] フラット	形 平らな	パンクしたタイヤを「flat tire（フラット・タイヤ）」といいます。パンクして地面に対して「平らな状態」になるからです。
0639	independent [indipéndənt] インディペンデント	形 独立した	dependent「頼っている」に否定の「in」がついて「頼っていない」→「独立した」です。be independent of ～「～から独立する」の形が重要です（ofは「分離（～から離れて）」です）。
0640	native [néitiv] ネイティヴ	形 母国の	学校にいるALTの先生などを「ネイティブの先生」といったりしますね。「英語のネイティブ」というと、「英語を母国語とする人」のことです。

083

0641	careful [kéərfl] ケアフル	形	注意深い	「注意で (care) いっぱい (ful)」→「注意深い」と覚えてください。
0642	foolish [fú:liʃ] フーリッシュ	形	愚かな	「エイプリルフール」のfoolは名詞「愚か者」という意味があり、形容詞をつくる「ish」がついてfoolishになりました。
0643	pale [péil] ペイル	形	(顔などが) 青白い	「顔色が悪い」ときに使われる単語です。日本語では「青ざめた」といいますが、blueではなく、このpaleを使いましょう。
0644	attractive [ətrǽktiv] アトゥラクティヴ	形	魅力的な	動詞attractには「引きつける」という意味があり、そこから形容詞形のattractiveは「魅力的な」となりました (ちなみに遊園地の「アトラクション」とは「お客の興味をひく魅力ある呼び物」です)。
0645	tough [tʌ́f] タフ	形	丈夫な・骨の折れる	日本語でも体力がある人のことを「タフな人」といいます。またa tough job「骨の折れる仕事」のように「困難な (大変な)」という意味もあります。
0646	crowded [kráudid] クラウディド	形	混み合った	動詞crowd「場所に群がる・押しかける」の過去分詞形で、be crowded with ~「~で混雑している」の形でよく使います。
0647	perfect [pə́:rfikt] パーフィクト	形	完璧な	「パーフェクト」でおなじみですね。余談ですが、スイーツの「パフェ」は「完璧なスイーツ」でperfectのフランス語「パルフェ」が語源です。
0648	positive [pázətiv] パジティヴ	形	積極的な・自信のある	日本語でも「ポジティブ思考」といいますね。「前向き」のイメージがある単語です。
0649	intelligent [intélidʒənt] インテリジェント	形	知能の高い	日本語の「インテリ」とはintelligentからきています。「頭がよい」というイメージの単語です。
0650	empty [émpti] エンプティ	形	空の	車の燃料メーターの「満タン」は "F (full)"、「空」のときは "E" です。この "E" はempty「空っぽの」という意味なんです。機会があれば見てみください。
0651	tiny [táini] タイニィ	形	小さな	「非常に小さい」という意味で、a tiny insect「とても小さな昆虫」、a tiny problem「ちょっとした問題」のように使います。
0652	huge [hjú:dʒ] ヒュージ	形	巨大な	bigよりもオーバーな響きがあり、「巨大な・ばく大な」という意味で使われます。tinyの対義語がhugeなので、セットで覚えましょう。
0653	proud [práud] プラウド	形	誇りを持った	日本語にもなっている「プライド」の形容詞形がproudです (発音は「プラウド」)。be proud of ~「~を誇りに思う」という熟語でよく使われます。
0654	simple [símpl] スィンプル	形	簡単な・単純な	「単純なデザイン」のことを「シンプルなデザイン」といいますね。
0655	bright [bráit] ブライト	形	明るい・頭がよい	「明るく輝いている」以外に、「考え方が輝かしい」→「頭がよい」という意味でも使われます。
0656	primary [práiməri] プライメリィ	形	最初の・重要な	「最初の」という意味から、「最初の段階は重要」と考えられるようになりました。primary schoolは「最初の学校」→「小学校 (=elementary school)」です。
0657	several [sévərl] セヴラル	形	いくつかの	separate「分離する」と関連する単語で、「いくつかに分離された」→「いくつかの」です。目安として「3~5個」くらいをイメージしてください。
0658	shy [ʃái] シャイ	形	恥ずかしがりやの	「おどおどした、内気な」というのがもとの意味です。日本語でも「シャイな性格」と使いますね。
0659	dead [déd] デッド	形	死んでいる	形容詞dead、動詞die (die-died-died-dying)、名詞deathは品詞の区別が重要な単語です。
0660	equal [í:kwəl] イークェル	形	平等の	日本語の「イコール」のことですが、発音・アクセントの違いに注意してください (最初を強く読んで「イークェル」という感じです)。

No.	単語	品詞	意味	解説
0661	**loud** [láud] ラウド	形	(声・音が) 大きい	英語のネットスラング（絵文字のような役割）にlolがありますが、laugh out loud「大声で笑う」のことです。日本語の「(笑)」に相当します。
0662	**electric** [iléktrik] イレクトゥリック	形	電気の	electricalも同じ意味で、ディズニーランドのエレクトリカルパレードは電飾などの電気をたくさん使ったパレードですね。
0663	**social** [sóuʃl] ソウシャル	形	社会の	フェイスブックなどをSNSといいますが、これはsocial networking service「社会・人とのつながりを作るサービス」のsocialです。
0664	**correct** [kərékt] カレクト	形	正しい	collect「集める」とまぎらわしいですが、correctの「rect」の部分は、directと同じ「まっすぐ正しい方向へ指導する」です。
0665	**wide** [wáid] ワイド	形	(幅の) 広い	横長の画面などを「ワイド」といいますね。a wide street「広い通り」という例でもwideの「幅が広い」感覚がわかると思います。
0666	**narrow** [nǽrou] ナロウ	形	狭い	wideの反対がnarrowです。あくまで「幅が狭い」という意味なので、「部屋が狭い」には使えません（その場合はsmallを使います）。
0667	**familiar** [fəmíljər] ファミリア	形	よく知っている・よく知られている	familyと関係があり、「家族のように知っている」→「よく知っている・知られている」となりました。
0668	**basic** [béisik] ベイスィック	形	基礎的な	base「土台・基礎」の形容詞形です。また「ベーシックレベル」といえば「基礎レベル」のことですね。
0669	**individual** [ìndəvídʒuəl] インディヴィジュアル	形	個別の	「in」は「否定」、「divide」は「分割する」から「これ以上分割できないもの」→「個人の」となりました。individual lessonは「個別の指導」という意味です。
0670	**strict** [stríkt] ストリクト	形	厳しい	もともと「強く結ぶ」で、そこから「厳しい・厳格な」となりました。「人が厳しい」という意味のほか、「規則が厳しい」ときにも使えます。
0671	**exact** [igzǽkt] イグザクト	形	正確な	狂いなく「ピッタリ!」というイメージの単語です。
0672	**whole** [hóul] ホウル	形	全体の	「ホールケーキ」とは「ケーキ丸ごと1つ」という意味です。hole「穴」とは関係ありません。
0673	**stupid** [st(j)úːpəd] ステューピッド	形	ばかな・愚かな	「ボケっとしている」が本来の意味で、そこから「愚かな」となりました。foolishよりも強い意味を持ちます。It is stupid of 人 to ~「人が~するなんて愚かだ」の形で使うことが多いです。
0674	**private** [práivət] プライヴァット	形	プライベートの	「プライベートな質問」とは「個人に関する質問」という意味です。発音は「プライベート」ではなく「プライヴァット」です。
0675	**crazy** [kréizi] クレイズィ	形	気が狂った・夢中である	「狂ったようにのめりこんで」から、crazy about~「~に夢中だ」という意味でも使われるようになりました。
0676	**main** [méin] メイン	形	主な	「メインディッシュ」とは「主役の料理」ということです。
0677	**extra** [ékstrə] エクストラ	形	余分な・必要以上の	映画などの「エキストラ」は「レギュラー出演者以外の (余分な) 人」のことなんです。
0678	**fair** [féər] フェア	形	公平な	スポーツなどの「フェアプレー」とは「公平なプレー」のことです。
0679	**precious** [préʃəs] プレシャス	形	貴重な	本来は「値段 (preci=price) が高い」→「価値がある・貴重な」となりました。CMなどで「プレシャスな○○」のように使われます。
0680	**modern** [mádərn] マダン	形	現代の	「モダンなデザイン」とは「現代的なデザイン (でおしゃれな)」ということです。また、「現代芸術」を「モダンアート」といったりします。

ZONE 1 [0001-0200]　ZONE 2 [0201-0400]　ZONE 3 [0401-0600]　ZONE 4 [0501-0800]　ZONE 5 [0801-1000]　まとめて覚える単語　ふろく

ZONE 4
単語 0601-0800

0691〜0700では「高齢化社会」や「福祉」など社会問題の話題でよく使われる単語を集めました。ageの動詞の用法など、少し難しく感じるかもしれませんが、日本の問題を英語で語るときに便利な単語です。

No.	単語	品詞	意味	解説
0681	**sure** [ʃúər] シュア	形	確かな・確信している	Are you sure?「本当に?」と使われたりします。また、返事にSure.といえば「もちろん」ということです。
0682	**daily** [déili] デイリィ	形	毎日の・日常の	daily lifeで「日常生活」、a daily newspaperで「日刊新聞」などと使います。
0683	**such** [sʌtʃ] サッチ	形	そのような	such a 形容詞＋名詞 の語順になることに注意してください。
0684	**absent** [ǽbsənt] アブセント	形	欠席して	「ab」には「離れて」という意味があります (abroad「外国」など)。be absent from ～「～を欠席する」という形でもよく使われます。
0685	**pure** [pjúər] ピュア	形	純粋な・きれいな	日本語でも心がきれいな人を「ピュアな人」といったりしますね。本来「混ざりものがない」という意味です。
0686	**sharp** [ʃáːrp] シャープ	形	鋭い	「シャープ」は「研 (と) ぎ澄 (す) まされて鋭い」というイメージです。
0687	**fantastic** [fæntǽstik] ファンタスティク	形	すばらしい	名詞fantasyは「空想」という意味で、形容詞形がfantastic、「空想的な」→「すばらしい」となりました。
0688	**polite** [pəláit] ポライト	形	礼儀正しい・丁寧な	本来は「磨かれた」という意味で、polish「磨く」と同じ語源です。「態度・気遣いがよく磨かれている」→「丁寧な」となりました。
0689	**clever** [klévər] クレヴァ	形	賢い	最近はスポーツの世界でも、選手の戦略をほめるときなどに「クレバーな選手」と使います。
0690	**brave** [bréiv] ブレイヴ	形	勇敢な	外国人が「ブラボー!」と叫んだりしますが、これはイタリア語bravoで、braveと関連があります。勇敢な人に向かって「ブラボー」と叫ぶイメージで覚えてください。
0691	**age** [éidʒ] エイジ	動 名	年をとる 年齢・時代	ageには動詞「年をとる」という意味があり、その-ing形がagingです (ちなみに「アンチエイジング (老化防止)」でもagingが使われていますね)。
0692	**aging society** [éidʒiŋ səsáiəti] エイヂングソサイエティ	名	高齢化社会	「年をとっている (aging) 社会 (society)」→「高齢化社会」です。今の日本を語る上で絶対に必要な表現です。
0693	**elderly** [éldərli] エルダリィ	形	年配の	oldを使うより丁寧な響きがあります。やはり高齢化社会の話題で使われます。
0694	**generation** [dʒènəréiʃən] ジェネレイション	名	世代	「ジェネレーション・ギャップ (generation gap)」とは、「世代間のズレ」のことです。ちなみに「1世代=30年」というのが目安になります。
0695	**local** [lóukl] ロウカル	形	地元の	日本語の「ローカルテレビ局」の使い方に引きずられないようにしてください。「地元の・その地方の」という意味で、田舎だけを指すわけではありません。たとえば渋谷でもlocalを使えます。
0696	**community** [kəmjúːnəti] コミューニティ	名	地域社会	「同じ土地に住み、習慣などを共有する地域や人々」→「地域社会」のことです。そこからan online community「ネット上のコミュニティ」のようにも使われるようになりました。
0697	**barrier** [bǽriər] バリア	名	障害	「バリアフリー (barrier free)」は「障害 (barrier) がない (free)」ということです (ちなみにfreeのもとの意味は「ない」「束縛がない」→「自由な」となりました)。
0698	**wheelchair** [hwíːltʃeər] ウィールチェア	名	車いす	wheel「車輪」とchair「いす」がくっついた単語です。車好きな人は「車輪」のことを「ホイール」といったりします。
0699	**slope** [slóup] スロウプ	名	坂・スロープ	駅やデパートの階段の横にある「坂」を「スロープ (slope)」といいますね。
0700	**design** [dizáin] ディザイン	名	デザイン	「ユニバーサルデザイン」とは、「年齢や国籍、障害の有無にかかわらず多くの人が利用できるようにデザインされた建築」のことです。

0701	succeed [səksí:d] サクスイード	動 成功する	名詞形のsuccessは「サクセスストーリー」のように使われたりします。その動詞形がsucceedで、succeed in business「ビジネスで成功する」のようにinとセットでよく使われます。
0702	create [kriéit] クリエイト	動 創造する	イラストレーターやカメラマンなど、何かを作り出す仕事をする人を「クリエイター」といいます。createはそれまでにない物を「新たに作り出す」という意味です。
0703	graduate [grǽdʒueit] グラジュエイト	動 卒業する	graduate from ～「～を卒業する」の形が重要です。graduateの発音は「グラデュエイト（アメリカ英語）」、「グラジュエイト（イギリス英語）」です。
0704	dry [drái] ドゥライ	動 乾かす	ドライフルーツ（dried fruit）は「乾燥した果物」、ドライフラワー（dried flower）は「乾燥した花」ということです（driedの直訳は「乾燥させられた」）。
0705	fight [fáit] ファイト	動 戦う	ボクシングなどの格闘スポーツでは、選手が「ファイティングポーズ」をとり、試合を始めるときにレフリーが「ファイト！」といいます。
0706	respect [rispékt] リスペクト	動 尊敬する	若者が「尊敬する」ことを「リスペクトする」といいますね。
0707	pack [pǽk] パック	動 詰める	スーパーでは「パック」で売られているものがたくさんありますが、名詞の「包み」→「包みに詰める」という動詞もおさえてください。
0708	share [ʃéər] シェア	動 共有する・分ける	「シェアハウス」や「カーシェア」などは「1つのものを数人で共有する」という意味なんです。
0709	escape [iskéip] イスケイプ	動 逃げる	パソコンのキーボードにある「Escキー」はescapeのことで、作業中に「キャンセル」するときに使います。「やっている作業から逃げる」イメージです。発音は「エスケープ」ではなく「イスケイプ」です。
0710	increase [inkrí:s] インクリース	動 増える	「インクリース」という発音から「どんどん成長して伸びていく」イメージを持ってください。ちなみに反対語はdecrease「減少する」です。
0711	approach [əpróutʃ] アプロウチ	動 近づく・接近する	日本語でも人にお近づきになろうとすることを「人にアプローチする」といいますね。ちなみに「列車が駅に近づいてくる」のように人以外にも使えます。
0712	shake [ʃéik] シェイク	動 振る・握る	ファストフード店の「シェイク」はもともと「激しく振って作った飲み物」なんです。「握る」の意味ではshake hands with ～「～と握手する」の形が重要です。
0713	reply [riplái] リプライ	動 返事をする	「リプライ」もしくは「リプを返す」といいますね。reply to ～「～に返信する」の形が重要です。
0714	develop [divéləp] ディヴェラップ	動 発展させる・開発する	どんどん広がっていく、「ブワ～ッと広がる」イメージの単語です。
0715	discuss [diskʌ́s] ディスカス	動 話し合う	「話し合うこと」を日本語でも「ディスカッション（discussion）」といいます。その動詞形がdiscuss「話し合う」です。
0716	advise [ədváiz] アドヴァイズ	動 忠告する	名詞adviceは「アドヴァイス」ですが、動詞adviseの発音は「アドヴァイズ」です。発音もつづりも少し違うんです。
0717	press [prés] プレス	動 押す	名詞pressure「圧力・プレッシャー」にはpress「押す」が入っています。pressureは「上から強く押す」→「圧力」となったんです。
0718	deliver [dilívər] ディリヴァー	動 配達する	ピザなどの配達を「デリバリー（delivery）」といいますが、その動詞形がdeliverです。
0719	remind [rimáind] リマインド	動 思い出させる	スマホなどのリマインダー（reminder）とは、「（予定など）を思い出させてくれる機能（アプリ）」のことです。
0720	relax [rilǽks] リラクス	動 リラックスさせる	日本語でも「リラックスする」のように使いますが、英語のrelaxは「リラックスさせる」という意味で、Reading relaxes me.「読書は私をリラックスさせてくれる」のようにも使います。

0721	☑□□ □□□	fix [fíks] フィクス	動	固定する・修理する	「しっかり固定して修理する」と覚えましょう。日本語でもスケジュールが決定するときに「スケジュールをフィックスする」ということがあります。
0722	☑□□ □□□	kick [kík] キック	動	ける	「キック」と発音できれば理解できる単語ですね。サッカーのPKなどでボールをける人のことを「キッカー(kicker)」といいます。
0723	☑□□ □□□	spread [spréd] スプレッド	動	広がる・広げる	spreadは、sprinkle「まき散らす」と同じ語源です(sprinkleは「スプリンクラー」から連想できます)。「情報をまき散らす」→「広がる」イメージです。
0724	☑□□ □□□	search [sə́ːrtʃ] サーチ	動	探す・捜索する	「サーチエンジン」とはインターネットなどで「情報を検索する機能」のことです。
0725	☑□□ □□□	follow [fálou] ファロウ	動	追う	Twitterで「フォローする」とは「その人の発言」を「追いかける」ことです。
0726	☑□□ □□□	hunt [hʌ́nt] ハント	動	狩りをする	「ヘッドハンティング(headhunting)」は「優秀な人材を外部からスカウトして引き抜くこと」です。狩りをするイメージで人材を獲得するわけです。
0727	☑□□ □□□	complete [kəmplíːt] カンプリート	動	完成させる	何かを完成させたり、シリーズものを全部集めることを「コンプリートする」といったりします。
0728	☑□□ □□□	fit [fit] フィット	動	合う	服の大きさなどが合っていることを「フィットする」といいますね。
0729	☑□□ □□□	offer [ɔ́(ː)fər] オーファ	動	提供する・申し出る	仕事の「オファーがある」というのは仕事の「提供がある」ことです。
0730	✎ ☑□□ □□□	guess [gés] ゲス	動	推測する・思う	単に「推測する」という意味で使う以外にも、"Guess what!"「あのねぇ」のように話を切り出すときに使えます(直訳は「何か推測してみて」)。
0731	☑□□ □□□	produce [prəd(j)úːs] プロデュース	動	生産する	テレビなどの「プロデューサー(producer)」は番組を「生み出す人」のことです。
0732	☑□□ □□□	satisfy [sǽtisfài] サティスファイ	動	満足させる	「満足させる」という意味なので、「〜に満足する」というときは受動態be satisfied with 〜の形にします。
0733	☑□□ □□□	measure [méʒər] メジャ	動	測定する	長さを測定するための「巻き尺」を「メジャー」といいますが、名詞以外に動詞「測定する」で使われることも多いです。
0734	✎ ☑□□ □□□	count [káunt] カウント	動	数える	「カウントする」とは「数える」ことですね。
0735	☑□□ □□□	select [səlékt] セレクト	動	選択する	chooseが2つ以上のものから選ぶときに使えるのに対し、selectは3つ以上のものから選ぶときに使われます。
0736	☑□□ □□□	burn [bə́ːrn] バーン	動	燃える・燃やす	「ガスバーナー(burner)」とは「何かを燃やすもの」です。burnは「燃やす」という意味なんです。
0737	☑□□ □□□	translate [trǽnslèit] トランスレイト	動	翻訳する	transは「移す・移動する」で、「別の言語に移す」→「翻訳する」です。「トランスレイト」と後半にアクセントがくる発音もあります。
0738	☑□□ □□□	respond [rispánd] リスパンド	動	答える	日本語でも「応答が速い」ときに「レスポンス(response)が速い」といったりします。この動詞形がrespondです。respond to 〜「〜に返答する」の形でよく使います。
0739	☑□□ □□□	suggest [səgdʒést] サジェスト	動	提案する・暗示する	「遠回しにいう」がもとの意味で、そこから「提案する・暗示する」となりました。
0740	☑□□ □□□	assist [əsíst] アスィスト	動	手伝う	サッカーの「アシスト」は「ゴールを決める手伝いをすること」を指します。「助手」の意味の「アシスタント(assistant)」は日本語でも使われていますね。

0741	☑︎☐☐ ☐☐☐	**retire** [ritáiər] リタイア	動	退職する	「リタイア」は「棄権する」というイメージが強いかもしれませんが、「仕事を退職する」という意味が圧倒的によく使われます。
0742	☑︎☐☐ ☐☐☐	**educate** [édʒəkèit] エジュケイト	動	教育する	「体育」は英語で「体の (physical) 教育 (education)」で、頭文字をとってP.E.といわれます。名詞education の動詞形がeducateです。
0743	☑︎☐☐ ☐☐☐	**examine** [igzǽmin] イグザミン	動	調べる・試験する	学校のテストをexaminationといいます。教科の理解を調べるものです。
0744	☑︎☐☐ ☐☐☐	**chase** [tʃéis] チェイス	動	追いかける	「カーチェイス」とは、車が別の車を「追いかける」ことです。
0745	✑☑︎☐☐ ☐☐☐	**express** [iksprés] イクスプレス	動	表現する	pressは「押す」で、「外へ (ex) 押し出す (press)」→「表現する」です。
0746	✑☑︎☐☐ ☐☐☐	**add** [ǽd] アッド	動	加える	料理の話をするときによく使う単語です。add some salt to the soup「スープにいくらか塩を加える」、add salt to taste「お好みに合わせて塩を加える」のように使います。
0747	☑︎☐☐ ☐☐☐	**allow** [əláu] アラウ	動	許す	発音は「アロウ」ではなく「アラウ」です。allow 囚 to ～「囚が～するのを許す」の形で使います。
0748	☑︎☐☐ ☐☐☐	**prefer** [prifə́:r] プリファ	動	好きだ	もともと「前に (pre) 運ぶ (fer)」です。「fer」はferry「(船の) フェリー」にも使われています。「(目の前に置いておくぐらい) 好きだ」と覚えてください。
0749	☑︎☐☐ ☐☐☐	**apply** [əplái] アプライ	動	申し込む	発音は「アプリー」ではなく「アプライ」です。apply for ～「～に申し込む」の形が重要です (forは「目的」で「～を求めて」の意味です)。
0750	☑︎☐☐ ☐☐☐	**treat** [trí:t] トリート	動	扱う・治療する	本来「取り扱う」で、「患者を取り扱う」→「治療する」です。名詞treatmentは、シャンプーの後にする「トリートメント (treatment)」で使われていて、文字通りには「髪の治療」という意味なんです。
0751	☑︎☐☐ ☐☐☐	**seem** [sí:m] スィーム	動	～のように思われる	Everyone seems tired.「みんな疲れているように見える」のように seem+形容詞の形で使えます。
0752	☑︎☐☐ ☐☐☐	**injure** [índʒər] インジャ	動	負傷させる	「負傷する」ではなく「負傷させる」という意味なので注意してください。She injured her legs in the accident.「彼女は事故で脚を負傷した」のように使います。
0753	☑︎☐☐ ☐☐☐	**attack** [ətǽk] アタック	動	襲う・攻撃する	「アタック」と聞くとスポーツのイメージが強いですが、「襲う」という意味でThe bear attacked the man.「その熊は男性を襲った」のようにも使います。
0754	☑︎☐☐ ☐☐☐	**encourage** [enkə́:ridʒ] インカリッヂ	動	励ます・勧める	「en」は「中にこめる」という意味があり、「人の中に (en) 勇気を (courage) 詰め込む」→「励ます」となりました。
0755	☑︎☐☐ ☐☐☐	**import** [impɔ́:rt] インポート	動	輸入する	「中に (im) 港の (port)」→「輸入する」です (ここでの「im」は「in」と同じです)。輸入の雑貨や服などを「インポートもの」といったりしますね。
0756	☑︎☐☐ ☐☐☐	**export** [ikspɔ́:rt] イクスポート	動	輸出する	「ex」は「外へ」の意味です。「外へ (ex) 港の (port)」→「輸出する」です。
0757	☑︎☐☐ ☐☐☐	**trade** [tréid] トレイド	動	貿易する	「物を交換する」のが「貿易」です。野球などのスポーツのチーム間で選手を交換することを「トレード」といいます。
0758	☑︎☐☐ ☐☐☐	**sweep** [swí:p] スウィープ	動	掃く	「スウィ～ッとホウキで掃く」と覚えておきましょう。
0759	☑︎☐☐ ☐☐☐	**earn** [ə́:rn] アーン	動	稼ぐ	もともとは「(農作物を) 収穫する」という意味でした。そこから現在では「(お金を) 稼ぐ」になりました。earn moneyやearn+具体的な金額の形で使われます。
0760	☑︎☐☐ ☐☐☐	**hide** [háid] ハイド	動	隠す	「かくれんぼ」のことをhide and seekといいます。ちなみにseekは「探す」です。

ZONE 4

単語 0601-0800

日本を訪れる外国人観光客の中には、日本の伝統に強い興味を持っている人が多く、よく質問してきます。performなど日本人が誤解して使っている可能性がある単語もあるので、0791〜0800の単語をチェックしてみてください。

0761	cause [kɔ́ːz] コーズ	動 引き起こす	原因 cause 結果 の関係を作ります。
0762	hurt [hə́ːrt] ハート	動 傷つける	本来「衝突する」という意味があり、そこから「傷つける」という意味になりました。「心」の「ハート」はheartです。
0763	belong [bilɔ́(ː)ŋ] ビローング	動 属する	belong to 〜「〜に属している」の形が重要です。物 belong(s) to me. で「物は私のものだ」とするとキレイに訳せます。
0764	surround [səráund] サラウンド	動 囲む	複数のスピーカーを使用した音響のことを「サラウンド」といいます。聞く人をスピーカーで「囲んだ」状態です。
0765	improve [imprúːv] インプルーヴ	動 向上させる・改善する	「だんだんよくなっていく」イメージの単語で、たとえばimprove one's English「英語力を上げる」のように使います。
0766	arrange [əréindʒ] アレインヂ	動 整える・取り決める	「ヘアアレンジ」で「髪型を変化させる」と思いがちですが、実は「きちんと並べる」というのが本当の意味で、そこから「整える」→「(予定などを)取り決める」となります。
0767	supply [səplái] サプライ	動 与える・供給する	「サプリメント(supplement)」は「栄養を与えてくれるもの」です。supplementの動詞形がsupplyで、supply 人 with 物「人に物を与える」の形で使います。
0768	prove [prúːv] プルーヴ	動 証明する	「白黒ハッキリする」イメージの単語です。本来「調べる」→「(調べて)証明する」です。また、prove to 〜の形で「〜であるとわかる」です。
0769	remove [rimúːv] リムーヴ	動 取り除く	「再び(re)動かす(move)」→「取り除く」となりました。
0770	remain [riméin] リメイン	動 〜のままである	remain angry「怒ったままだ」のようにremainの後ろに形容詞がきて「〜のままだ」という形でよく使われます。
0771	fill [fíl] フィル	動 満たす	最近はシャンプーなどの詰め替え品を「リフィル」といったりします。refillで「再び満たす」ということです。
0772	lie [lái] ライ	動 横になる・いる・ある	後ろにbedやsofaを用いて、「ベッドに横になる」「ソファで横になる」というときに使います。
0773	lay [léi] レイ	動 置く・横にする	「配置すること」をlayout「レイアウト」といいます。
0774	feed [fíːd] フィード	動 食事(エサ)を与える	food「食べ物」の動詞形です。
0775	steal [stíːl] スティール	動 盗む	野球の「盗塁」のことを「スチール」といいますが、「次の塁を盗む」ということなんです。発音は「スチール」ではなく「スティール」です。
0776	greet [gríːt] グリート	動 挨拶する	greetの-ing形を使ったgreeting card「グリーティングカード」とは「挨拶状」のことです。
0777	rent [rént] レント	動 賃借りする・賃貸しする	「レンタカー」はrent a carからきています。「お金を払って車を借りる・お金をもらって車を貸す」という両方の意味があります。
0778	suffer [sʌ́fər] サファ	動 苦しむ	suffer from 〜「〜に苦しむ」のようにfromとセットでよく使われます(このfromは「原因」を表します)。
0779	let [lét] レット	動 〜するのを許す・〜させる	Let's 〜. はLet us 〜で、たとえばLet's go shopping.「私たちが買い物に行くのを許してください(買い物に行かせてください)」→「買い物に行こう」です。
0780	manage [mǽnidʒ] マニッヂ	動 経営する・管理する	名詞のmanager(マネージャー)は本来「manageする(経営や管理をする)人」ということなんです。

090

0781	**pollute** [pəlú:t] ポルート	動 汚染する	本来「泥で汚す」という意味で、そこから「汚染する」となりました。名詞air pollution「大気汚染」も環境問題がテーマの英文でよく見かけます。
0782	**fold** [fóuld] フォウルド	動 折りたたむ	「折り紙」のことをfolded paper（直訳は「折られた紙」）といいます。
0783	**compare** [kəmpéər] カンペア	動 比べる・比較する	「一緒に（com）置く（pare）」→「一緒に置いて比べる」です。「コンペア」から「ペアで比べる」と覚えるのもアリです。
0784	**shout** [ʃáut] シャウト	動 叫ぶ	「シャウト」と発音しますが、つづりはshoutの「ou」に注意してください。
0785	**forgive** [fərgív] フォギヴ	動 許す	つづりにgive「与える」がありますね。「（許しを）与える」→「許す」という発想です。
0786	**complain** [kəmpléin] カンプレイン	動 不平をいう	日本語では「不満・文句をいう」ことを「クレームをいう」といいますが、これに相当する英語がcomplainです。ちなみに英語のclaimは「主張する」という意味になるのでご注意を。
0787	**connect** [kənékt] カネクト	動 つなぐ	大人がよくいう「コネがある」の「コネ」は名詞形connectionのことで、「人とのつながり」のことです。connectionの動詞形がconnect「つなぐ」です。
0788	**repair** [ripéər] リペア	動 修理する	repairはprepare「準備する」と関係があります。「re」は「再び」なので、「再び準備する」→「修理する」となります。「靴のリペア」などで使われることもあります。
0789	**bow** [báu] バウ	動 おじぎをする	名詞で「弓」という意味もあります。この場合の発音は「ボウ」、動詞「おじぎをする」の発音は「バウ」です。
0790	**mind** [máind] マインド	動 気にする	「ドンマイ（気にするな）」が覚えやすいのですが、実際の英語ではDon't mind.という言い方は存在せず、Never mind.を使います。
0791	**Olympic** [əlímpik] オリンピック	名 オリンピック	「2020年東京オリンピック」はTokyo 2020 Olympic Gamesとなります。Oは必ず大文字で、いろんな競技があるのでGamesと複数形になります。また、少し短くしてTokyo 2020 Olympicsと表すこともできます。
0792	**traditional** [trədíʃənl] トゥラディショナル	形 伝統的な・従来の	traditional Japanese foods「日本の伝統料理」など、日本文化を紹介するときに重宝します。伝統文化以外の話であれば、単に「従来の」という意味で使われることもあります。
0793	**various** [véəriəs] ヴェ(ァ)リアス	形 様々な	「バラエティー番組」は「トークあり、歌ありの様々な要素がある番組」です。名詞variety「多様」の形容詞形がvarious「様々な」です。
0794	**postcard** [póuskὰːrd] ポウストカード	名 (絵)はがき	「郵便の（post）カード（card）」→「(絵)はがき」です。日本語でもお土産としての「絵はがき」を「ポストカード」といったりします。
0795	**almost** [ɔ́:lmoust] オールモウスト	副 ほとんど	たとえば、「折り紙」について説明するときに、You can make almost anything with origami.「折り紙でほとんどなんでも作れる」のように使います。
0796	**perform** [pərfɔ́ːrm] パフォーム	動 行う	日本語の「パフォーマンス」は「人目を引く派手な行為」というイメージですが、英語performanceは単に「行為」を指すことが多いです。そのperformanceの動詞形がperformです。
0797	**mild** [máild] マイルド	形 穏やかな	コーヒーが「マイルド」というと、「まろやかな味わい」を表します。全体的に「優しい」イメージの単語で、気候についてならば「（気候が人に）やさしい」→「温暖な」などの意味になります。
0798	**humidity** [hju:mídəti] ヒューミディティ	名 湿度	外国人には日本の湿気はキツイようで、よく話題に出てきます。形容詞のhumid「湿気のある」も一緒に覚えてください。
0799	**prefecture** [prí:fektʃər] プリーフェクチャ	名 県	日本紹介では当然必要なのに、あまり教わらない単語です。「秋田県」ならAkita Prefectureとなります。「県」以外に「京都府・大阪府」にも使えます。TokyoとHokkaidoはこのままでもOKです。
0800	**manga** [mǽŋgə] マンガ	名 マンガ	「マンガ」はそのまま英語になっています。日本のマンガを知っている外国人も増えています。ボク自身もパリのホテルで「日本のマンガが好きだ」という従業員から英語で話しかけられました。

ZONE 4

次の英語の意味を❶〜❻から選びなさい。

01 (1) necessary　(2) brave　　　(3) individual
　　 (4) smart　　　(5) native　　　(6) precious

> ❶ 貴重な ／ ❷ 母国の ／ ❸ 勇敢な
> ❹ 個別の ／ ❺ 賢い ／ ❻ 必要な

02 (1) equal　　　(2) intelligent　(3) honest
　　 (4) senior　　(5) several　　(6) electric

> ❶ 平等の ／ ❷ 正直な ／ ❸ 電気の
> ❹ 知能の高い ／ ❺ 年上の ／ ❻ いくつかの

03 (1) rare　　　(2) comfortable　(3) helpful
　　 (4) crazy　　(5) generation　(6) tough

> ❶ 快適な ／ ❷ まれな ／ ❸ 気が狂った・夢中である
> ❹ 丈夫な・骨の折れる ／ ❺ 役立つ ／ ❻ 世代

04 (1) crowded　(2) excellent　(3) attractive
　　 (4) flat　　　(5) local　　　(6) thin

> ❶ 平らな ／ ❷ すばらしい ／ ❸ 薄い・やせた
> ❹ 地元の ／ ❺ 混み合った ／ ❻ 魅力的な

05 (1) giant　　(2) modern　　(3) rude
　　 (4) unique　(5) empty　　(6) familiar

> ❶ 空の ／ ❷ 失礼な ／ ❸ 現代の
> ❹ 独特の ／ ❺ 巨大な ／ ❻ よく知っている・よく知られている

解答

01	(1) ❻	(2) ❸	(3) ❹	(4) ❺	(5) ❷	(6) ❶
02	(1) ❶	(2) ❹	(3) ❷	(4) ❺	(5) ❻	(6) ❸
03	(1) ❷	(2) ❶	(3) ❺	(4) ❸	(5) ❻	(6) ❹
04	(1) ❺	(2) ❷	(3) ❻	(4) ❶	(5) ❹	(6) ❸
05	(1) ❺	(2) ❸	(3) ❷	(4) ❹	(5) ❶	(6) ❻

06
(1) total　　(2) sharp　　(3) bright
(4) main　　(5) wide　　(6) private

❶ 鋭い ／ ❷ プライベートの ／ ❸ 全部の
❹ 主な ／ ❺ (幅の) 広い ／ ❻ 明るい・頭がよい

07
(1) rough　　(2) barrier　　(3) polite
(4) tiny　　(5) basic　　(6) fresh

❶ 礼儀正しい・丁寧な ／ ❷ 小さな ／ ❸ おおざっぱな
❹ 新鮮な ／ ❺ 基礎的な ／ ❻ 障害

08
(1) major　　(2) independent　　(3) elementary
(4) shy　　(5) positive　　(6) social

❶ 積極的な・自信のある ／ ❷ 初歩の ／ ❸ 社会の
❹ 独立した ／ ❺ 主要な（メジャーな） ／ ❻ 恥ずかしがりやの

09
(1) simple　　(2) strict　　(3) terrible
(4) pure　　(5) nervous　　(6) normal

❶ ふつうの ／ ❷ 純粋な・きれいな ／ ❸ ひどい
❹ 簡単な・単純な ／ ❺ 厳しい ／ ❻ 緊張している

10
(1) fair　　(2) extra　　(3) public
(4) daily　　(5) impossible　　(6) exact

❶ 公平な ／ ❷ 正確な ／ ❸ 余分な・必要以上の
❹ 公共の ／ ❺ 毎日の・日常の ／ ❻ 不可能な

06　(1) ❸　(2) ❶　(3) ❻　(4) ❹　(5) ❺　(6) ❷

07　(1) ❸　(2) ❻　(3) ❶　(4) ❷　(5) ❺　(6) ❹

08　(1) ❺　(2) ❹　(3) ❷　(4) ❻　(5) ❶　(6) ❸

09　(1) ❹　(2) ❺　(3) ❸　(4) ❷　(5) ❻　(6) ❶

10　(1) ❶　(2) ❸　(3) ❹　(4) ❺　(5) ❻　(6) ❷

ZONE 4

次の英語の意味を❶〜❻から選びなさい。

11　(1) examine　(2) remind　(3) complete
　　　(4) manage　(5) develop　(6) allow

❶ 完成させる ／ ❷ 思い出させる ／ ❸ 調べる・試験する
❹ 発展させる・開発する ／ ❺ 経営する・管理する ／ ❻ 許す

12　(1) respect　(2) express　(3) add
　　　(4) fold　(5) feed　(6) various

❶ 様々な ／ ❷ 表現する ／ ❸ 食事（エサ）を与える
❹ 加える ／ ❺ 尊敬する ／ ❻ 折りたたむ

13　(1) earn　(2) offer　(3) shake
　　　(4) suffer　(5) apply　(6) humidity

❶ 提供する・申し出る ／ ❷ 申し込む ／ ❸ 振る・握る
❹ 湿度 ／ ❺ 稼ぐ ／ ❻ 苦しむ

14　(1) share　(2) succeed　(3) steal
　　　(4) export　(5) approach　(6) treat

❶ 輸出する ／ ❷ 成功する ／ ❸ 盗む
❹ 扱う・治療する ／ ❺ 共有する・分ける ／ ❻ 近づく・接近する

15　(1) improve　(2) fight　(3) repair
　　　(4) respond　(5) suggest　(6) shout

❶ 戦う ／ ❷ 叫ぶ ／ ❸ 提案する・暗示する
❹ 答える ／ ❺ 修理する ／ ❻ 向上させる・改善する

解 答

11　(1) ❸　(2) ❷　(3) ❶　(4) ❺　(5) ❹　(6) ❻

12　(1) ❺　(2) ❷　(3) ❹　(4) ❻　(5) ❸　(6) ❶

13　(1) ❺　(2) ❶　(3) ❸　(4) ❻　(5) ❷　(6) ❹

14　(1) ❺　(2) ❷　(3) ❸　(4) ❶　(5) ❻　(6) ❹

15　(1) ❻　(2) ❶　(3) ❺　(4) ❹　(5) ❸　(6) ❷

16
(1) greet　　(2) escape　　(3) arrange
(4) spread　　(5) translate　　(6) follow

❶ 整える・取り決める ／ ❷ 広がる・広げる ／ ❸ 追う
❹ 逃げる ／ ❺ 翻訳する ／ ❻ 挨拶する

17
(1) burn　　(2) discuss　　(3) forgive
(4) lay　　(5) produce　　(6) connect

❶ 燃える・燃やす ／ ❷ 生産する ／ ❸ 置く・横にする
❹ 話し合う ／ ❺ つなぐ ／ ❻ 許す

18
(1) advise　　(2) sweep　　(3) search
(4) injure　　(5) trade　　(6) cause

❶ 探す・捜索する ／ ❷ 忠告する ／ ❸ 引き起こす
❹ 負傷させる ／ ❺ 掃く ／ ❻ 貿易する

19
(1) surround　　(2) remove　　(3) deliver
(4) traditional　　(5) select　　(6) remain

❶ 取り除く ／ ❷ ～のままである ／ ❸ 選択する
❹ 囲む ／ ❺ 伝統的な・従来の ／ ❻ 配達する

20
(1) prove　　(2) educate　　(3) pollute
(4) encourage　　(5) assist　　(6) supply

❶ 汚染する ／ ❷ 与える・供給する ／ ❸ 教育する
❹ 励ます・勧める ／ ❺ 手伝う ／ ❻ 証明する

---

16 (1) ❻　(2) ❹　(3) ❶　(4) ❷　(5) ❺　(6) ❸

17 (1) ❶　(2) ❹　(3) ❻　(4) ❸　(5) ❷　(6) ❺

18 (1) ❷　(2) ❺　(3) ❶　(4) ❹　(5) ❻　(6) ❸

19 (1) ❹　(2) ❶　(3) ❻　(4) ❺　(5) ❸　(6) ❷

20 (1) ❻　(2) ❸　(3) ❶　(4) ❹　(5) ❺　(6) ❷

ZONE 1 [0001 - 0200]　ZONE 2 [0201 - 0400]　ZONE 3 [0401 - 0600]　ZONE 4 [0601 - 0800]　ZONE 5 [0801 - 1000]

問題

日本語が正しい英文の訳になるように、空所を埋めなさい。

（1） The cheesecake was delicious.　チーズケーキ、すごく（　　　　）かったです。

（2） Are you serious?　あなたは（　　　　）ですか？

（3） I want to play with wild animals.　（　　　　）動物と遊びたいです。

（4） I got my own laptop.　（　　　　）ノートパソコンをもらいました。

（5） This cake is too sweet!　このケーキは（　　　　）すぎます！

（6） The final chapter came out in March.　（　　　　）話が３月に公開されました。

（7） We have many things in common.　私たちには（　　　　）点がたくさんあります。

（8） This paper is thick.　この紙は（　　　　）です。

（9） Be careful.　（　　　　）てください。

（10） My daughter got a perfect score on the test.　娘はテストで満（　　　　）をとりました。

解答

（1） The cheesecake was delicious.　チーズケーキ、すごく（おいし）かったです。

（2） Are you serious?　あなたは（本気）ですか？

（3） I want to play with wild animals.（野生の）動物と遊びたいです。

（4） I got my own laptop.（自分専用の・自分自身の）ノートパソコンをもらいました。

（5） This cake is too sweet!　このケーキは（甘）すぎます！

（6） The final chapter came out in March.（最後の・最終）話が３月に公開されました。

（7） We have many things in common.　私たちには（共通）点がたくさんあります。

（8） This paper is thick.　この紙は（厚い・ぶ厚い）です。

（9） Be careful.（気をつけ）てください。

（10） My daughter got a perfect score on the test.　娘はテストで満（点）をとりました。

(11) The buildings in Shinjuku are huge!　新宿の建物は（　　　　）ですね！

(12) Is the TV too loud?　テレビの音は（　　　　）すぎますか？

(13) What's the correct answer?　（　　　　）答えは何ですか？

(14) The roads in this town are very narrow.　この町の道路はとても（　　　　）です。

(15) Did you eat the whole sandwich?　サンドイッチを（　　　　）食べたのですか？

(16) It was stupid of me to ask her.　彼女に聞いた私が（　　　　）だった。

(17) I'm not completely sure.　完全に（　　　　）ているわけではありません。

(18) He was absent from school today.　彼は今日、学校を（　　　　）しました。

(19) You're doing a fantastic job.　あなたは（　　　　）仕事をしています。

(20) She is a famous wheelchair athlete.　彼女は有名な（　　　　）の選手です。

---

(11) The buildings in Shinjuku are huge!　新宿の建物は（巨大・でっかい・とても大きい）ですね！

(12) Is the TV too loud?　テレビの音は（大き・うるさ）すぎますか？

(13) What's the correct answer?　（正しい・正確な）答えは何ですか？

(14) The roads in this town are very narrow.　この町の道路はとても（狭い・細い）です。

(15) Did you eat the whole sandwich?　サンドイッチを（全部・丸ごと1個）食べたのですか？

(16) It was stupid of me to ask her.　彼女に聞いた私が（ばか・愚か）だった。

(17) I'm not completely sure.　完全に（確信し）ているわけではありません。

(18) He was absent from school today.　彼は今日、学校を（欠席）しました。

(19) You're doing a fantastic job.　あなたは（すばらしい・すてきな・とてもよい）仕事をしています。

(20) She is a famous wheelchair athlete.　彼女は有名な（車いす）の選手です。

※ 訳は自然な日本語になるようにしていますので、たとえば代名詞が日本語に訳されていないことがあります。

問 題

日本語が正しい英文の訳になるように、空所を埋めなさい。

(21) I graduated from high school in 2010.　私は2010年に高校を（　　　　）ました。

(22) The price increased by 100 yen.　値段が100円（　　　　）ました。

(23) I will reply to the e-mail tomorrow.　明日そのメールに（　　　　）ます。

(24) Press the button.　ボタンを（　　　　）てください。

(25) Thank you for fixing my computer.　パソコンを（　　　　）てくれてありがとうございます。

(26) Guess what I found!　何を見つけたか（　　　　）てみて！

(27) I am satisfied with the results.　結果に（　　　　）ています。

(28) My father retired five years ago.　父は５年前に（　　　　）ました。

(29) The police chased the thief.　警察は泥棒を（　　　　）ました。

(30) Everyone seems happy.　みんな嬉し（　　　　）です。

解 答

(21) I graduated from high school in 2010.　私は2010年に高校を（卒業し）ました。

(22) The price increased by 100 yen.　値段が100円（上がり）ました。

(23) I will reply to the e-mail tomorrow.　明日そのメールに（返信し）ます。

(24) Press the button.　ボタンを（押し）てください。

(25) Thank you for fixing my computer.　パソコンを（修理し・直し）てくれてありがとうございます。

(26) Guess what I found!　何を見つけたか（当て・推測し）てみて！

(27) I am satisfied with the results.　結果に（満足し）ています。

(28) My father retired five years ago.　父は５年前に（退職し・仕事を辞め・引退し）ました。

(29) The police chased the thief.　警察は泥棒を（追いかけ・追跡し）ました。

(30) Everyone seems happy.　みんな嬉し（そう）です。

(31) My leg hurts.　脚が（　　　　）です。

(32) Does this belong to you?　これはあなた（　　　　）ですか？

(33) Lie down on the sofa.　ソファで（　　　　）てください。

(34) Let me use your phone for a second.　ちょっとあなたの電話を使（　　　　）ください。

(35) I compared the prices.　私は値段を（　　　　）ました。

(36) The parents complained to the school.　親は学校に（　　　　）ました。

(37) Do you mind if I turn on the TV?　テレビをつけても（　　　　）ですか？

(38) I bought a few postcards in Italy.　私はイタリアで何枚か（　　　　）を買いました。

(39) I'm almost done.　（　　　　）できます。

(40) What is your favorite manga?　あなたの一番好きな（　　　　）は何ですか？

---

(31) My leg hurts.　脚が（痛い）です。

(32) Does this belong to you?　これはあなた（のもの）ですか？

(33) Lie down on the sofa.　ソファで（横になっ・寝）てください。

(34) Let me use your phone for a second.　ちょっとあなたの電話を使（わせて）ください。

(35) I compared the prices.　私は値段を（比べ・比較し）ました。

(36) The parents complained to the school.　親は学校に（不平をいい・文句をいい）ました。

(37) Do you mind if I turn on the TV?　テレビをつけても（いい）ですか？

(38) I bought a few postcards in Italy.　私はイタリアで何枚か（絵はがき）を買いました。

(39) I'm almost done.　（もうすぐ・もうちょっとで）できます。

(40) What is your favorite manga?　あなたの一番好きな（マンガ）は何ですか？

※　訳は自然な日本語になるようにしていますので、たとえば代名詞が日本語に訳されていないことがあります。

強力な武器を獲得しよう

Get motivated!

まず目標を 200 個、300 個にすることも悪くはないのですが、思い切って 1000 個、少なくとも 800 個くらいに設定して頑張ってみると、成功したときのインパクトは計り知れないものがあるんです。その感動とやり切った自信は、今後みなさんが英語を勉強していくうえで、強力な武器になってくれるはずですよ。

ZONE 5
単語 0801－1000

1ヵ月1000単語習得メソッドの

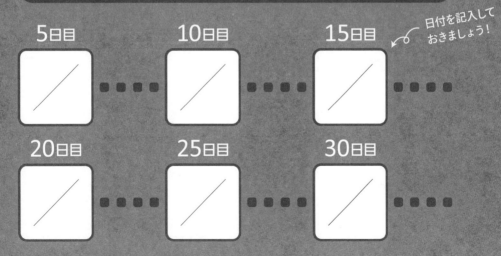

日付を記入して
おきましょう！

| 5日目 | 10日目 | 15日目 |
| 20日目 | 25日目 | 30日目 |

にやるべき ZONE のはじまりです

0801	☑☐☐ ☐☐☐	**festival** [féstəvl] フェスティヴァル	名 祭り	💬 野外コンサートなどの「音楽フェス」というのは、実は**festival**のことなんです。
0802	☑☐☐ ☐☐☐	**people** [píːpl] ピープル	名 人々	💬 「人々」という訳からもわかるように、**people**は常に複数扱いの名詞です。
0803	☑☐☐ ☐☐☐	**rock** [rάk] ラック	名 岩・ (音楽の) ロック	💬 「ロック (岩) クライミング (登る)」の「ロック」です。
0804	☑☐☐ ☐☐☐	**diary** [dáiəri] ダイアリィ	名 日記	💬 日本語でも「日記」のことを「ダイアリー」といったりします。市販の日記帳の表紙にdiaryの文字が書かれていることがあります。「日記をつける」はkeep a diaryと表現します (直訳は「日記を続ける」)。
0805	☑☐☐ ☐☐☐	**dictionary** [díkʃənèri] ディクショネリィ	名 辞書	💬 小さい辞書を「ポケットディクショナリー」ということがあります。
0806	☑☐☐ ☐☐☐	**business** [bíznəs] ビジネス	名 仕事・事業	💬 もともとbusy「忙しい」に名詞をつくる「ness」がついてできた単語です。
0807	☑☐☐ ☐☐☐	**meeting** [míːtiŋ] ミーティング	名 会議・ ミーティング	💬 動詞meetは「会って話をする」で、そこから-ingがついたmeetingが「会議・ミーティング」となりました。
0808	☑☐☐ ☐☐☐	**project** [prάdʒekt] プラジェクト	名 計画・ プロジェクト	💬 日本語でも大きな計画のことを「一大プロジェクト」といったりしますね。
0809	☑☐☐ ☐☐☐	**interview** [íntərvjùː] インタヴュー	名 面接・ インタビュー	💬 「有名人のインタビュー」を連想すると思いますが、「面接」という意味で使われることが多い単語です。
0810	☑☐☐ ☐☐☐	**skill** [skíl] スキル	名 技術	💬 日本語でも「スキルを身につける」といいます。「職人の技」というような特殊な技術や熟練というイメージです。
0811	☑☐☐ ☐☐☐	**department** [dipάːrtmənt] デパートメント	名 部門・売り場	💬 departの「de」は「分離」の意味で「部分 (part) に分離 (de) する」→「分かれる」で、その名詞形がdepartment「部門」です。そこから、デパートなどの「売り場・コーナー」という意味にもなりました。
0812	☑☐☐ ☐☐☐	**note** [nóut] ノウト	名 メモ	💬 noteは英語では授業中にしっかりとる「ノート」ではなく「メモ」のことです。日本語の「ノート」はnotebookといいます。
0813	☑☐☐ ☐☐☐	**control** [kəntróul] コントロウル	名 支配・制御 動 支配する・ 制御する	💬 ゲームの「コントローラー (controller)」は「ゲームのキャラクターを支配して制御するもの」です。
0814	☑☐☐ ☐☐☐	**theater** [θíətər] スィアター	名 劇場・映画館	💬 「ホームシアター (home theater)」とは、大画面テレビやスピーカーなどを家に設置して小さな映画館のようにしたものをいいます。
0815	☑☐☐ ☐☐☐	**gym** [dʒím] ジム	名 体育館	💬 「ジム」というと「トレーニングジム」を最初に思い浮かべがちですが、もともとは「体を動かす場所」→「体育館」という意味です。
0816	☑☐☐ ☐☐☐	**tournament** [túərnəmənt] トゥァナメント	名 トーナメント	💬 イギリス発音の「トーナメント」もありますが、アメリカ発音の「トゥァナメント」も慣れておきましょう。
0817	☑☐☐ ☐☐☐	**prize** [práiz] プライズ	名 賞	💬 「ノーベル賞」はNobel prize、win the first prizeは「1等賞をとる」です。
0818	✎☑☐☐ ☐☐☐	**result** [rizΛlt] リザルト	名 結果	💬 as a result「結果として」という形も大事です。
0819	✎☑☐☐ ☐☐☐	**health** [hélθ] ヘルス	名 健康	💬 「ヘルシーフード (healthy food)」とは「健康的な食べ物」のことですね (healthyは形容詞)。healthyの名詞形がhealthで、「メンタルヘルス (mental health)」で使われています。「精神面における健康」のことです。
0820	☑☐☐ ☐☐☐	**schedule** [skédʒuːl] スケジュール	名 スケジュール	💬 日本語でも「予定」のことを「スケジュール」といいますね。イギリス式の発音では「シェジュール」と発音されることがあるので聞きとりに注意です。

0821	flight [fláit] フライト	名 飛行・便	「フライトアテンダント（客室乗務員）」のフライトです。また、日本語でも「フライトが遅れる」といいます。「乗るべき航空便が遅れる」ということです。
0822	passport [pǽspɔ̀ːrt] パスポート	名 パスポート	「パスポート」とは、「空港（airport）を通過する（pass）ときに必要なもの」です。
0823	address [ədrés] アドゥレス	名 住所	「メールアドレス」は「（ネット上の）住所」のことです。
0824	silence [sáiləns] サイレンス	名 静寂・沈黙	形容詞のsilentはスマホなどの「サイレントモード（マナーモード）」などで使いますね。この名詞形がsilenceです。
0825	secret [síːkrət] スィークレット	名 秘密・秘訣	「トップシークレット」とはだれにもいってはいけない「極秘」のことです。また、「秘密の方法」→「秘訣」という意味もあり、日常会話でもよく使われます。
0826	matter [mǽtər] マター	名 事柄・問題	会話でよく使うWhat's the matter? は「問題は何ですか?」が直訳で、そこから「どうしたの?」です。問題を聞き出して助けてあげようというニュアンスで使われます。
0827	reason [ríːzn] リーズン	名 理由	Tell me the reason. 「理由を教えてください」やThe reason is that sv.「理由はsvするからだ」という形でよく使います。
0828	gift [gíft] ギフト	名 贈り物・才能	giftはpresentよりも少しかしこまったいい方です。また、「神様からの贈り物」→「才能」という意味もあります。
0829	quiz [kwíz] クウィズ	名 クイズ・小テスト	「クイズ番組」のイメージが強いですが、「小テスト」という意味もあり、ボクの大学の先生は「来週クイズがあります」のように使っていました。
0830	sheet [ʃíːt] シート	名 1枚の紙・シーツ	紙を数えるときにsheet を使います。a sheet of paper「1枚の紙」、two sheets of paper「2枚の紙」です。
0831	copy [kápi] カピ	名 コピー・（本の）1冊	もともとは「書き写したもの」という意味なので、たくさんの印刷された「本1冊」の意味になることもあります。
0832	opinion [əpínjən] アピニオン	名 意見	病院での「セカンドオピニオン」とは「患者が1人の医師だけでなく、ほかの医師の診断や治療法などを聞くこと」です。in my opinion「私の意見では」も大事です。
0833	presentation [prìːzəntéiʃən] プレゼンテイション	名 プレゼンテーション・発表	発表のことを日本語では「プレゼン」といいますが、presentationの略です。
0834	purpose [pɔ́ːrpəs] パーパス	名 目的	What is the purpose of your visit? 「あなたの訪問の目的は何ですか?」は外国に行ったときに空港で質問されるお決まりのフレーズです。
0835	voice [vɔ́is] ヴォイス	名 声	「ボイスレコーダー」は「声を録音する機械」です。
0836	ceremony [sérəmòuni] セレモウニィ	名 儀式（セレモニー）	「開会式」を「オープニングセレモニー」といったりしますね。
0837	joke [dʒóuk] ジョウク	名 冗談	本来相手を楽しませたり、その場を和ませるという目的で発せられるものです。発音は「ジョーク」ではなく「ジョウク」です。
0838	medicine [médəsn] メディスィン	名 薬	「医療の」という意味のmedical（メディカル）から、「medi」つながりで覚えましょう。
0839	promise [práməs] プラミス	名 約束	「約束を守る」はkeep a promise、「約束を破る」はbreak a promiseです。
0840	shape [ʃéip] シェイプ	名 形	「シェイプアップ」は、美容や健康のために「体の形を整えること」とイメージしてください。

ZONE 1 [0001 - 0200]　ZONE 2 [0201 - 0400]　ZONE 3 [0401 - 0600]　ZONE 4 [0601 - 0800]　ZONE 5 [0801 - 1000]　まとめて覚える単語　ふろく

0841	☑☐☐ ☐☐☐	human [hjúːmən] ヒューマン	名 人間	humanにはmanというつづりがありますが、複数形にするときはhumenではなくhumansとなります。
0842	☑☐☐ ☐☐☐	gesture [dʒéstʃər] ジェスチャ	名 ジェスチャー・身振り	日本語でも身振りが大きいときに「ジェスチャーが大きい」のように使いますね。
0843	☑☐☐ ☐☐☐	tie [tái] タイ	名 ネクタイ	「首に (neck) 結ぶ (tie) もの」がネクタイ (necktie) です。tieだけでも「ネクタイ」を意味し、necktieよりも一般的に使われます。
0844	☑☐☐ ☐☐☐	cloth [klɔ́(ː)θ] クロース	名 布	テーブルにかける布を「テーブルクロス」といいます。
0845	☑☐☐ ☐☐☐	date [déit] デイト	名 日付・デート	dayは「曜日」や「祝日」を表すのに対し、dateは「日付」を表します。また、「～とデートする」というときはhave a date with ～の形で使います。
0846	☑☐☐ ☐☐☐	rose [róuz] ロウズ	名 バラ	ボディーソープやシャンプーでバラの香りがついたものには「ローズの香り」とパッケージに書いてあったりします。
0847	☑☐☐ ☐☐☐	license [láisəns] ライセンス	名 免許（証）	「ダイビングのライセンスを取得する」とは「ダイビングができる免許証を得る」ということです。
0848	☑☐☐ ☐☐☐	service [sə́ːrvəs] サーヴィス	名 接客・対応	「無料」と勘違いしている人が多いのですが、英語のserviceは「形のない商品」のことで、たとえば「お店で食事を出す」などの接客行為のことです。
0849	☑☐☐ ☐☐☐	meal [míːl] ミール	名 食事	朝食、昼食、夕食すべてにmealが使えます。
0850	☑☐☐ ☐☐☐	menu [ménjuː] メニュ	名 メニュー	日本語でもそのまま「メニュー」ですね。May I see the menu, please?「メニューを見てもいいですか?」は海外のレストランで使えます。
0851	☑☐☐ ☐☐☐	gas [gǽs] ギャス	名 ガス・ガソリン	単に「ガス」という意味のほか、gasoline「ガソリン」の略語としても使われます (「ガス欠」で使われています)。
0852	☑☐☐ ☐☐☐	tool [túːl] トゥール	名 道具	パソコンの「ツールバー」でピンとくる人もいると思います。いろんな道具 (機能) が集まったところです。英語の発音は「トゥール」です。
0853	☑☐☐ ☐☐☐	system [sístəm] スィステム	名 システム・制度	「制度」のほか、the Tokyo subway system「東京の地下鉄交通網」のように「交通網」「ネットワーク」という意味でも使われます。
0854	☑☐☐ ☐☐☐	medium [míːdiəm] ミーディアム	名 中間	「mid」には「中間」という意味があります。ちなみにサイズのLはlarge、Mはmedium、Sはsmallのそれぞれ頭文字です。
0855	☑☐☐ ☐☐☐	audience [ɔ́ːdiəns] オーディエンス	名 聴衆・観客	「audi」は「聞く」という意味です (audio「オーディオ」のaudiです)。そこからaudienceはイベントなどの「聴衆」や「観客」を指すようになりました。
0856	☑☐☐ ☐☐☐	fire [fáiər] ファイア	名 火・火事	発音は「ファイヤー」ではなく「ファイア」です。ちなみに消防署はfire stationといいます。
0857	☑☐☐ ☐☐☐	oil [ɔ́il] オイル	名 石油・油	料理で使う「オリーブオイル」は「オリーブの果実からとれる植物性の油」のことです。また、歴史などで勉強する「石油危機」は「オイルショック」ともいいます。
0858	☑☐☐ ☐☐☐	trouble [trʌ́bl] トゥラブル	名 心配・困難	日本語の「トラブル」のイメージでOKです。「トラブルメーカー (troublemaker)」とは「もめごとを作り出す人」です。
0859	☑☐☐ ☐☐☐	style [stáil] スタイル	名 スタイル・様式	Western-style「西洋式の」やJapanese-style「日本式の」という表現で使われます。
0860	☑☐☐ ☐☐☐	dessert [dizə́ːrt] ディザート	名 デザート	dessertはsが2つあります。アメリカの小学校では「デザートの定番は "strawberry shortcake"」という覚え方があります。

0861	roof [rú:f] ルーフ	名 屋根	「サンルーフ (sunroof)」とは、日光をとり入れるために「開閉できる屋根」のことです。
0862	war [wɔ́:r] ウォー	名 戦争	発音は「ワー」ではなく「ウォー」です（映画『スター・ウォーズ（STAR WARS）』でも使われています）。「第二次世界大戦」はWorld War Ⅱです。
0863	challenge [tʃǽlindʒ] チャリンジ	名 挑戦・難題	日本語「チャレンジ」だと「挑戦」のイメージが強いですが、英語では、「難題」で、「一丁やったるか!」というニュアンスもあります。
0864	century [sénʧəri] センチュリ	名 世紀	本来「100個ごとの区切り」です。「cent」は「100」を表します（percentは「100分率」）。歴史の授業で「19世紀」を「19C」と表しますが、この「C」はcenturyのことです。
0865	fridge [frídʒ] フリッジ	名 冷蔵庫	refrigeratorはネイティブにも長く感じられるので、それを短縮したfridgeが使われることがよくあります。
0866	experience [ikspíəriəns] イクスピアリエンス	名 経験	RPG（ロールプレイングゲーム）で「経験値」を「ex」と表しますが、この「ex」とはexperience のことです。
0867	award [əwɔ́:rd] アウォード	名 賞	日本のテレビ番組でも何かの賞を与える番組では「○○アワード」と使われています。正確な発音は「アウォード」なので注意してください。
0868	course [kɔ́:rs] コース	名 進路・コース	つづりが少し難しいですが、発音も意味もそのまま「コース」でOKですね。
0869	noise [nɔ́iz] ノイズ	名 騒音	日本語でも「雑音」を「ノイズ」といったりします。英語のnoiseは「騒音」のような大きな音から小さな物音まで使えます。make (a) noiseは「騒音を（noise）作る（make）」→「騒ぐ」です。
0870	factory [fǽktəri] ファクトリ	名 工場	factoryのfactorは「要素」という意味で、factoryは「要素を組み合わせて物を作る場所」→「工場」となりました。
0871	hill [híl] ヒル	名 丘	「盛り上がった場所」というのがもともとの意味で、そこから「丘」になりました。
0872	view [vjú:] ヴュー	名 眺め・見方	「見る」というのがもともとの意味で、「眺め」→「(ものの) 見方 (意見)」です。
0873	heaven [hévn] ヘヴン	名 天国	go to heavenは日本語の「亡くなる」にあたります。直接的なdie「死ぬ」よりも遠回しないい方です。
0874	lesson [lésn] レスン	名 レッスン	教科書の "Lesson 1" などで必ず出てきますね。
0875	plan [plǽn] プラン	名 計画	日本語でも「計画」や「予定」のことを「プラン」といい、「旅行のプランを立てる」のように使います。
0876	step [stép] ステップ	名 階段・足元	日本語の「ステップ」と同じく「歩み」という意味もあり、「(歩いてのぼる) 階段」や「足元」の意味が大事です（Watch your step.「足元に気をつけて」は駅やデパートで使われています）。
0877	report [ripɔ́:rt] リポート	名 報告書	「レポートする」イメージで、社会人の「報告書・調査結果」です。
0878	hole [hóul] ホウル	名 穴	英語の発音は「ホール」ではなく「ホウル」です。ゴルフのコースを数えるときに「ホール」を使うのはゴルフボールを沈める穴があるためです。
0879	grass [grǽs] グラス	名 草	glass「ガラス」と混同しないように注意です。どうしても覚えられないという人は「r」を「草が風になびいているイメージ」で覚えるとよいでしょう。
0880	field [fí:ld] フィールド	名 野原・田畑・広場	「陸上部」のことを英語でtrack and field clubといいます。ボクは陸上部の人が着ているジャージに書いてあるのを見て覚えました。

ZONE 1 [0001 - 0200] ZONE 2 [0201 - 0400] ZONE 3 [0401 - 0600] ZONE 4 [0601 - 0800] ZONE 5 [0801 - 1000]

ZONE 5
単語 0801 - 1000

「エネルギー」の分野では様々な技術が開発されてきましたが、「原子力」は必ず議題にあがります。0891〜0900ではnuclearなど、「エネルギー」について語るときに、はずせない単語を集めました。

0881	novel [návl] ナヴェル	名 小説	「ライトノベル」とは「若者向けの小説」から覚えてください（実は和製英語なんですが）。
0882	purse [pə́ːrs] パース	名 財布	purseもwalletも「財布」と訳されますが、purseは主に女性用の財布やハンドバッグ、walletは男性用の財布を指します。
0883	hall [hɔ́ːl] ホール	名 ホール・廊下	日本語で「ホール」というと大勢が集まるような「講堂」や「広間」のような場所のことをいいますが、英語のhallには「廊下」という意味もあり、日常会話でよく使われます。
0884	essay [ései] エセイ	名 エッセー・随筆	「エッセー」以外の「小論文」や「感想文」などの作文もすべてessayです。
0885	leaf [líːf] リーフ	名 葉	leafは「葉」で、チラシや広告のリーフレット（leaflet）も葉っぱのイメージです。
0886	castle [kǽsl] キャスル	名 城	日本の城は外国人に人気があり、英語で説明するときに使います。castleの「t」は発音しません。「キャスル」です。
0887	memory [mémari] メモリ	名 記憶	パソコンの「メモリー」も「データを記憶するところ」ですね。
0888	circle [sə́ːrkl] サークル	名 円	同じ趣味を持った集まりのことも「サークル」といいます。集まって円になって楽しんでいるイメージです。
0889	peace [píːs] ピース	名 平和	「ピースサインは平和のサイン」と覚えてください。
0890	space [spéis] スペイス	名 場所・宇宙	日本語でも「スペースを有効に使う」のように「空間」という意味で使います。「広大な空間」→「宇宙」となります。
0891	nuclear [n(j)úːkliar] ニュークリア	形 核の	nuclear power「原子力」はエネルギーがテーマになると必ず出てきます。
0892	fuel [fjúːal] フューエル	名 燃料	fossil fuelsで石油・天然ガスなどの「化石燃料」を指します。
0893	atomic [atámik] アタミック	形 原子の	もともと「これ以上分割できないもの」という意味です。atomic bombで「原子爆弾」です。
0894	atmosphere [ǽtməsfiar] アトモスフィア	名 大気	「周りの空気」のことを表し、「大気」という意味です。さらに「その場の空気」→「雰囲気・ムード」という意味もあります。
0895	acid rain [ǽsid réin] アスィッド レイン	名 酸性雨	acidは「酸性の」という意味です。acid rain「酸性雨」は環境問題がテーマの英文でよく見かけます。
0896	plastic [plǽstik] プラスティク	名 プラスチック	「プラスチックゴミ」の問題は世界的にも注目されています。身近なところで、レジ袋などの「ビニール袋」をplastic bagといいます。
0897	damage [dǽmidʒ] ダミッジ	名 損害・被害	負傷して「ダメージを負う」イメージが強いと思いますが、自然災害の「被害」や「損害」という意味も重要です。
0898	protect [pratékt] プロテクト	動 守る・保護する	スポーツなどで「体を守る道具」を「プロテクター（protector）」といいますが、その動詞形がprotectです。
0899	preserve [prizə́ːrv] プリザーヴ	動 保存する	「プリザーブド・フラワー」は「咲いた状態で保存される花」と考えてください。「前もって（pre）とっておく（serve）」→「保存する」です（serveは「分ける・分けてとっておく」）。
0900	care [kéər] ケア	名 世話	熟語take care of 〜は「〜の（of）世話（care）をとる（take）」→「〜の世話をする」となります。

No.	単語	品詞	意味	解説
0901	**will** [wíl] ウィル	助	～する（つもりだ）	核心イメージは「100%必ず～する」です。willは名詞で「意志」という強い意味があり、助動詞willも「100%必ず～する」というのが本来の意味です。
0902	**can** [kǽn] キャン	助	～できる・ありえる	核心イメージは「いつでもその動作が起こる」で、そこから「～できる」、さらに「いつでも起こる可能性がある」→「ありえる」となりました。
0903	**must** [mʌ́st] マスト	助	～しなければならない・～にちがいない	核心イメージは「ほかには考えられない」で、「ほかの行動は考えられない」→「しなければならない」、「ほかの可能性は考えられない」→「ちがいない」となりました。
0904	**may** [méi] メイ	助	～してもよい・～かもしれない	核心イメージは「50%」で、「オススメ度50%」なら「してもよい」、「予想50%」なら「かもしれない」となります。
0905	**should** [ʃúd] シュド	助	～すべきだ	核心イメージは「本来ならば～するのが当然」で、「（当然）～するべきだ」となりました。発展として「（当然）～のはずだ」という意味もあります。
0906	**shall** [ʃǽl] シャル	助	(Shall we[I] ～? で) ～しましょうか?	willがさらに強くなったのがshallです。しかし、I shall ～の形はまれで、実際には、Shall I ～?「（私が）しましょうか?」、Shall we ～?「（一緒に）しましょうか?」で使われることがほとんどです。
0907	**could** [kəd] クド	助	～できた・(Could you ～?で) ～してもらえませんか?	過去形「できた」のほかに、「もしよろしければ～できますか?」→「できるなら～してもらえませんか?」の意味でよく使われます。
0908	**would** [wúd] ウド	助	～だろう	willの過去形がwouldですが、Would you like ～?「～はいかがですか?」など会話表現でよく使う助動詞です。
0909	**what** [hwʌ́t] (フ) ワト	疑	何	what単独で使うほか、what time「何時」のように名詞とセットで使うこともよくあります。
0910	**who** [húː] フー	疑	だれ	Who knows?「だれが知っているというの?」→「だれも知らないよ」という決まり文句もあります。
0911	**whose** [húːz] フーズ	疑	だれの（もの）	whose+名詞「だれの名詞」のように名詞とセットで使われることが多いです。whose単独で使われるときは「だれのもの」という意味です。
0912	**why** [hwái] (フ) ワイ	疑	なぜ	「ホワイ」と習いますが、実際の発音は「ワイ」なんです。
0913	**where** [hwéər] (フ) ウェア	疑	どこで[へ]	Where are you from?「あなたはどちらの出身ですか?」が有名です。発音は「ホウェア」のイメージが強いですが、軽く「ウェア」のように発音されることもあるので注意してください。
0914	**how** [háu] ハウ	疑	どのように	how old「何歳」、how long「どのくらいの間」、how much「いくら」のように、ほかの単語と結びつくことがよくある単語です。
0915	**which** [hwítʃ] (フ) ウィッチ	疑	どちら	which+名詞「どちらの名詞」のように、名詞とセットになることがよくあります。
0916	**and** [ǽnd] アンド	接	そして・そうすれば	「前後を対等の関係で結ぶ」接続詞です。また、"命令文, and sv."の形のときは「～しなさい、そうすればsvする」と訳します。
0917	**or** [ɔ́ːr] オア	名	または・さもないと	Which do you like better, A or B?「AとBどちらが好きですか?」のようにA or Bで使うほか、"命令文, or sv."の形で使われるorは「さもないと」という意味になります。
0918	**but** [bʌ́t] バット	接	しかし	「逆接」の関係でつなぐ接続詞です。
0919	**so** [sóu] ソウ	接副	～だから…・とても	原因・理由, so 結果の形になります。副詞のso「とても」は、I'm so happy!「すごく幸せ!」のように使います。
0920	**when** [hwén] (フ) ウェン	接疑	svするとき・いつ	When sv, SV. または、SV when sv.は「svするときSVだ」という形で使います。疑問詞のwhen「いつ」と使われる形でしっかり区別してください。

ZONE 1 [0001 - 0200]　ZONE 2 [0201 - 0400]　ZONE 3 [0401 - 0600]　ZONE 4 [0601 - 0800]　ZONE 5 [0801 - 1000]　まとめて覚える単語　ふろく

0921	☑☐☐ ☐☐☐	**if sv** [if] イフ	接	もしsvするならば	"If sv, SV." または、"SV if sv."「もしsvするならSVする」となります。
0922	☑☐☐ ☐☐☐	**because sv** [bikɔ́ːz] ビコーズ	接	svするので	昔はよく歌詞でbecause I love you「君が好きだから」が使われていました。
0923	☑☐☐ ☐☐☐	**before sv** [bifɔ́ːr] ビフォー	接 前	svする前に 〜の前に	「ビフォー・アフター」と日本語でも使われています。beforeのforeは「前」という意味で、サッカーで「前にいる人」を「フォワード (forward)」といいます。
0924	☑☐☐ ☐☐☐	**after sv** [ǽftər] アフター	接 前	svした後に 〜の後に	afternoon「午後」は、本来「正午 (noon) の後 (after)」ということです。前置詞の使い方では、after schoolは「放課後」などがあります。
0925	☑☐☐ ☐☐☐	**while sv** [hwáil] (ウ)ワイル	接	svする間	もともとは名詞「時間」という意味で、そこから接続詞while sv「svする間」の用法が生まれました。
0926	☑☐☐ ☐☐☐	**though[although]sv** [ðóu] ゾウ	接	svするけれども	thoughやalthoughは接続詞なので、両方ともThough[Although] sv, SV. の形で使います。
0927	✏️ ☑☐☐ ☐☐☐	**till[until]sv** [til] ティル	接 前	svするまで（ずっと） 〜まで（ずっと）	tillもuntilも同じ「〜までずっと」です。意味に違いはありませんが、untilのつづりは（長いからか）「l」が1つだけです。
0928	☑☐☐ ☐☐☐	**as soon as sv** [əz súːn əz] アズ スーン アズ	接	svするとすぐに	as soon asで1つの接続詞と考えてください。使い方はwhenやif、becauseなどと同じで、As soon as sv, SV. またはSV as soon as sv. の形で使います。
0929	☑☐☐ ☐☐☐	**about** [əbáut] アバウト	前	〜について・およそ	核心イメージは「周辺」です。（話題の）周辺 →「〜について」、（数字の）周辺 →「およそ」となりました。
0930	☑☐☐ ☐☐☐	**without** [wiðáut] ウィズアウト	前	〜なしで	without 名詞で「〜なしで」、without –ingで「〜することなしに」→「〜せずに」です。
0931	✏️ ☑☐☐ ☐☐☐	**through** [θrúː] スルー	前	〜を通して	「スルー」は「（何かを）通り抜ける」ことです。「スルっと通りぬける」と覚えるのもアリです。
0932	☑☐☐ ☐☐☐	**over** [óuvər] オウヴァ	前	〜の上に	「覆っている」イメージです。a rainbow over the mountainは「虹が山に覆いかぶさるようにかかっている」感じです。
0933	☑☐☐ ☐☐☐	**under** [ʌ́ndər] アンダ	前	〜の下に	「（覆われて）下にある」イメージです。overの反対ですね。
0934	☑☐☐ ☐☐☐	**since** [síns] スィンス	前	〜以来	「〜以来ずっと（今まで）」というイメージです。
0935	☑☐☐ ☐☐☐	**during** [d(j)úəriŋ] デュ(ア)リング	前	〜の間	前置詞という品詞も重要です（後ろに名詞がきます）。whileと同じ意味ですが、duringは前置詞、whileは接続詞で、後ろにくる形が違います。
0936	☑☐☐ ☐☐☐	**near** [níər] ニア	前	〜の近くに	「あの芸能人とニアミスした」というのは、「近く (near) にいたのに、ちょっとの差で会えなかった・逃した (miss)」ということです。
0937	☑☐☐ ☐☐☐	**into** [íntuː] イントゥ	前	〜の中へ	in+toで「突入（〜の中に入っていく）」のイメージです。状態の変化を表すこともあり、Milk is made into cheese.「牛乳がチーズになる（に作られる）」となります。
0938	☑☐☐ ☐☐☐	**between** (A and B) [bitwíːn] ビトゥウィーン	前	(AとB)の間で	betweenはandとセットで使われることが多いのでbetween A and Bの形をしっかりおさえてください。
0939	☑☐☐ ☐☐☐	**against** [əgénst] アゲンスト	前	〜に対して・〜に反対して	ゴルフで「向かい風」を「アゲインスト (の風)」といいます。ちなみにagainstの反対で「賛成」の意味にはforを「〜に意識が向かって」→「賛成して」を使います。
0940	☑☐☐ ☐☐☐	**behind** [biháind] ビハインド	前	〜の後ろに	サッカーなどで使われる「2点ビハインド」とは、「相手に対して2点後ろにいる」→「2点差で負けている」ということです。

0941	along [əlɔ́(ː)ŋ] アローング	前 ~に沿って	本来は「長いもの (long) に沿って」です。walk along the river「川に沿って歩く」のように使われます。
0942	across [əkrɑ́s] アクロース	前 ~を横切って	「十字を切る (cross) ように移動する」→「横切って」ということです。
0943	as [əz] アズ	前 ~として 接 svするように	as a student「学生として」のように使います。接続詞としてもたくさんの意味があるので、出てくるたびに1つずつチェックしていってください。
0944	among [əmʌ́ŋ] アマング	前 ~の間で	be popular among ~「~の間で人気がある」は英会話で便利な表現です。
0945	all [ɔ́ːl] オール	代 全部 形 すべての	all of ~「~全部」という代名詞の使い方のほかに、形容詞としても使われます。
0946	some [sʌ́m] サム	代 いくつか 形 いくつかの	漠然と少数の人や物が存在するときに使う単語です。
0947	each [iːtʃ] イーチ	代 それぞれ 形 それぞれの	「それぞれ」という訳語から、1つ1つにスポットライトが当たるイメージです。
0948	any [éni] エニ	代 (肯定文で) どんな~でも・(否定文で)まったく~ない・(疑問文で) いくらかの	本来「どんな~でも」という意味で、よくnotとセットで「まったく~ない」という意味で出てきます。
0949	traffic [trǽfik] トゥラフィク	名 交通	「交通情報」を「トラフィックインフォメーション」といいます。テレビやラジオのニュース番組などで使われています。
0950	environment [inváiərənmənt] インヴァイラ(ー)ンメント	名 環境	もともと「周囲を取り巻いているもの」という意味でしたが、地球の環境破壊が進んだ19世紀以降に「環境」の意味が生まれました。a good working environment「よい職場の環境」のように「身の回りの環境」にも使えます。
0951	climate [kláimət] クライミット	名 気候	climate change「気候変動」は環境問題のキーワードにもなっているので、この形で覚えておきましょう。
0952	temperature [témpərtʃùər] テンペラチャ	名 温度	「温度・気温」は日本語でも毎日のように使われる単語ですよね。英会話でも重宝しますよ。
0953	influence [ínfluəns] インフルエンス	名 影響	「flu」には「流れる」という意味があり、「中に (in) 流れて (flu)」→「影響を与える」となりました。have an influence on ~「~に影響を与える」という形でよく使われます。
0954	planet [plǽnit] プラニット	名 惑星	the planetやour planetになると「地球」という意味になります。
0955	nature [néitʃər] ネイチャ	名 自然	「手つかずの」というイメージの単語です。
0956	land [lǽnd] ランド	名 土地	sea「海」に対して「陸」の意味です。遊園地の「○○ランド」のイメージにひきずられないようにしてください。
0957	sight [sáit] サイト	名 視力・視界・景色	海外旅行の目的を答えるときに重宝するsightseeing「観光」で使われています。
0958	earthquake [ə́ːrθkwèik] アースクウェイク	名 地震	「地球 (earth) が揺れる (quake)」→「地震」です (quakeは「クラクラッ」と揺れるイメージです)。
0959	desert [dézərt] ディザート	名 砂漠	dessert (デザート) と間違えないように注意してください。「砂漠 (desert)」には"sunが1つ"または「サハラ砂漠 (Sahara)」には"sが1つ"と覚えてください。
0960	flood [flʌ́d] フラッド	名 洪水	flは「流れ」でしたね (31ページのfluで解説)。「水の流れ」→「洪水」となりました。発音は「フラッド」です。「oo」を「ア」と発音する珍しい単語です。

ZONE 1 [0001 - 0200]　ZONE 2 [0201 - 0400]　ZONE 3 [0401 - 0600]　ZONE 4 [0601 - 0800]　ZONE 5 [0801 - 1000]　まとめて覚える単語　ふろく

ZONE 5
単語 0801-1000

0991〜1000では意見を述べるときに使う表現や、英会話で重宝する単語を集めました。お菓子のパッケージなど、どこかで目にしたことがある単語もあるかもしれません。

No.		単語	品詞	意味		解説
0961	☑☐☐ ☐☐☐	**nation** [néiʃən] ネイション	名	国家		「国の代表チーム」を「ナショナルチーム (national team)」といいます。形容詞national「国家の」の名詞形がnationです。
0962	☑☐☐ ☐☐☐	**government** [ɡʌ́vərnmənt] ガヴァメント	名	政府		「ガバナンス能力」のように使われることもたまにありますが、「統治能力」のことです。governmentは「国を統治するもの」→「政府」と覚えておきましょう。
0963	✎☐☐ ☐☐☐	**law** [lɔ́ː] ロー	名	法律		「ロースクール」とは「弁護士などを目指す人の学校」です。「raw (生の)」と間違えないように注意してください。
0964	☑☐☐ ☐☐☐	**population** [pɑ̀pjəléiʃən] パピュレイション	名	人口		populationはpeople「人々」と関連があります。「人々の数」→「人口」となりました。
0965	✎☐☐ ☐☐☐	**custom** [kʌ́stəm] カスタム	名	習慣		「カスタマイズする」というのは「自分の好みにすること」をいいます。これは「自分の習慣に合うようにすること」という意味です。
0966	☑☐☐ ☐☐☐	**manner** [mǽnər] マナ	名	マナー（作法）・方法		「マナー」という意味のときは必ず複数形 (manners) になります。また、「方法」などの意味で使われることもあります。
0967	☑☐☐ ☐☐☐	**religion** [rilídʒən] リリジョン	名	宗教		異国の文化を学ぶとき、「宗教」は避けては通れないですから、絶対に必要な単語です。
0968	☑☐☐ ☐☐☐	**symbol** [símbl] スィンボル	名	シンボル（象徴）		「天皇 (Japanese Emperor)」について英語で説明するときに、symbol「象徴」は絶対に必要になる単語です。
0969	✎☐☐ ☐☐☐	**value** [vǽljuː] ヴァリュー	名	価値		「バリュー価格」や「バリュープライス」というのは「お値打ち価格」のことですが、「値段に対して価値が高い」ことを表します。
0970	☑☐☐ ☐☐☐	**quality** [kwɑ́ləti] クワリティ	名	品質		high quality「ハイクオリティー」とは「高い品質」です。
0971	☑☐☐ ☐☐☐	**average** [ǽvəridʒ] アヴェリッジ	名	平均		日本語でもボウリングなどの「平均スコア」を「アベレージ」といいます。
0972	☑☐☐ ☐☐☐	**middle** [mídl] ミドル	名	中間		middle ageで「中年」という意味です（「人生の中間」というイメージ）。
0973	☑☐☐ ☐☐☐	**bottom** [bɑ́təm] バタム	名	底		若者は「ズボン」ではなく「ボトムス（下半身に身につける服）」といっています。
0974	☑☐☐ ☐☐☐	**advantage** [ədvǽntidʒ] アドヴァンティッジ	名	有利		テニスで、「相手より有利な状況」を「アドバンテージ」といいます。
0975	☑☐☐ ☐☐☐	**energy** [énərdʒi] エナジー	名	エネルギー		元気を出したいときに飲む「エナジードリンク」がコンビニなどで売られています。energyをそのまま読むと「エネルギー」となりますね。
0976	☑☐☐ ☐☐☐	**apartment** [əpɑ́ːrtmənt] アパートメント	名	アパート・マンション		apartには「分離」の意味があり、「分離された部屋」→「アパート・マンション」となりました。
0977	☑☐☐ ☐☐☐	**furniture** [fə́ːrnitʃər] ファーニチャ	名	家具一式		テーブルやソファなど1つ1つを指すのではなく、それらをまとめた「家具一式」をfurnitureといいます。
0978	☑☐☐ ☐☐☐	**instrument** [ínstrəmənt] インストゥルメント	名	楽器・道具		guitarやpianoなどの楽器をひとまとめにして表した単語です。音楽の「インストゥルメンタル」はヴォーカルが入っていない「楽器」の演奏だけの曲です。
0979	☑☐☐ ☐☐☐	**condition** [kəndíʃən] カンディション	名	条件・状態		「エアコン (air conditioner)」は「空気の状態を整えるもの」です。
0980	☑☐☐ ☐☐☐	**experiment** [ikspérəmənt] イクスペリメント	名	実験		experience「経験」と関連があります（つづりが似ていますね）。もともと「試してみる」という意味で、そこから「実験」となりました。

0981	pain [péin] ペイン	名 痛み	「肉体的な痛み」にも「精神的な痛み」にも使える単語です。
0982	treasure [tréʒər] トゥレジャ	名 宝物	マンガや映画に出てくる「トレジャー・ハンター (treasure hunter)」とは、無人島などで「宝物を探す人」のことです。
0983	breath [bréθ] ブレス	名 呼吸	歌や楽器の演奏、水泳での息継ぎを「ブレス」といいますね。「ガム」のCMでもよく使われています。
0984	distance [dístəns] ディスタンス	名 距離	形容詞distantは「離れて (dis) 立つ (stant=stand)」→「遠くの」となりました。このdistantの名詞形がdistanceです。
0985	sign [sáin] サイン	名 目印	本来「何かを示すもの」という意味で、「標識・目印・兆候」などの意味があります。ちなみに日本語の「有名人のサイン」はautographといいます。
0986	scene [síːn] スィーン	名 場面・場所	ドラマや映画の「シーン」は「場面」という意味です。また、旅行の「ワンシーン」→「場所・景色」の意味もおさえてください。
0987	effort [éfərt] エファート	名 努力	fortはforce「力」と関係があります。「外に (ex) 力 (fort) を出す」→「努力」となりました。
0988	knowledge [nálidʒ] ナリッジ	名 知識	動詞knowの名詞形がknowledgeです。発音は「ナリッジ」なのでknowの「ノウ」に引きずられないようにしてください。
0989	topic [tápik] タピック	名 話題	ニュースで「今夜の主なトピックは…」といったりしますね。
0990	sense [séns] センス	名 感覚	日本語の「センスがよい」という意味は忘れてください。「何かを感知する装置」の「センサー (sensor)」のイメージで覚えるのもアリです。
0991	agree [əgríː] アグリー	動 同意する	agree with 囚「囚に同意する」の形が重要です。相手の意見に賛同するときに便利な表現です。
0992	disagree [disəgríː] ディスアグリー	動 反対する	agree「同意・賛成する」に否定の「dis」がついた形です。「意見が合わない」→「反対する」です。「意見が合わない」以外に、発展として「(食物・気候が) 合わない」という意味でも使えます。
0993	fat [fǽt] ファット	名 脂肪 形 太った	fatは名詞で「脂肪」の意味があります。「脂肪」→「太った」とセットで覚えてください。カフェで「ノンファットミルク」(無脂肪牛乳)と使われています。
0994	impress [imprés] インプレス	動 印象を与える	「心の中に (im=in) 押し込む (press)」→「印象を与える」となりました。be impressed by[with] ～「～に感動する」の形でよく使われます。
0995	convenient [kənvíːniənt] コンヴィーニエント	形 便利な	コンビニ (convenience store) から覚えてください。
0996	recommend [rèkəménd] レコメンド	動 推薦する	お店で「今月のレコメンド」とあれば「お客さんへ推薦するもの」→「当店の今月のオススメ」ということです。
0997	excuse [ikskjúːz] イクスキューズ	動 許す	Excuse me. は本来「これからする失礼に対して、私を許してください」で、そこから「すみません」となりました。
0998	spicy [spáisi] スパイスィ	形 ピリッとした	「スパイス」はspiceとなり、これはspicyの名詞形です。辛いものを「スパイシーな〇〇」といったりします。
0999	sour [sáuər] サウワ	形 すっぱい	お菓子の商品名などに「サワー」が使われているものがあります。「すっぱい」ということです。
1000	yummy [jʌ́mi] ヤミィ	形 おいしい	「おいしい」はgoodやdeliciousですが、特に子どもが「おいしい」というときに使われる単語です。また、海外へ行くと、スーパーの広告で見かけることがあります。

ZONE 5

問　題

次の英語の意味を❶〜❻から選びなさい。

01
(1) heaven　　(2) report　　(3) prize
(4) leaf　　　(5) peace　　(6) grass

> ❶ レポート・報告書 ／ ❷ 賞 ／ ❸ 草
> ❹ 平和 ／ ❺ 天国 ／ ❻ 葉

02
(1) course　　(2) festival　　(3) interview
(4) nuclear　(5) roof　　　(6) result

> ❶ 進路・コース ／ ❷ 核の ／ ❸ 結果
> ❹ 屋根 ／ ❺ 祭り ／ ❻ 面接・インタビュー

03
(1) silence　　(2) gift　　(3) business
(4) essay　　(5) hall　　(6) date

> ❶ 仕事・事業 ／ ❷ 静寂・沈黙 ／ ❸ ホール・廊下
> ❹ 日付・デート ／ ❺ 贈り物・才能 ／ ❻ エッセー・随筆

04
(1) reason　　(2) tool　　(3) people
(4) atomic　(5) theater　(6) menu

> ❶ 道具 ／ ❷ 理由 ／ ❸ 劇場・映画館
> ❹ メニュー ／ ❺ 原子の ／ ❻ 人々

05
(1) purpose　　(2) fuel　　(3) flight
(4) voice　　(5) project　(6) secret

> ❶ 飛行・便 ／ ❷ 目的 ／ ❸ 秘密・秘訣
> ❹ 声 ／ ❺ 燃料 ／ ❻ 計画・プロジェクト

解　答

01　(1) ❺　(2) ❶　(3) ❷　(4) ❻　(5) ❹　(6) ❸

02　(1) ❶　(2) ❺　(3) ❻　(4) ❷　(5) ❹　(6) ❸

03　(1) ❷　(2) ❺　(3) ❶　(4) ❻　(5) ❸　(6) ❹

04　(1) ❷　(2) ❶　(3) ❻　(4) ❺　(5) ❸　(6) ❹

05　(1) ❷　(2) ❺　(3) ❶　(4) ❹　(5) ❻　(6) ❸

06
(1) medicine　(2) audience　(3) promise
(4) schedule　(5) step　(6) field

❶ 階段・足元 ／ ❷ 約束 ／ ❸ 野原・田畑・広場
❹ 薬 ／ ❺ スケジュール ／ ❻ 聴衆・観客

07
(1) human　(2) control　(3) noise
(4) ceremony　(5) health　(6) challenge

❶ 健康 ／ ❷ 騒音 ／ ❸ 人間 ／ ❹ 挑戦・難題
❺ 儀式（セレモニー） ／ ❻ 支配・制御・支配する・制御する

08
(1) meal　(2) view　(3) department
(4) medium　(5) matter　(6) tournament

❶ 眺め・見方 ／ ❷ トーナメント ／ ❸ 事柄・問題
❹ 中間 ／ ❺ 食事 ／ ❻ 部門・売り場

09
(1) war　(2) century　(3) shape
(4) quiz　(5) experience　(6) joke

❶ 形 ／ ❷ 経験 ／ ❸ 世紀
❹ 冗談 ／ ❺ 戦争 ／ ❻ クイズ・小テスト

10
(1) factory　(2) presentation　(3) purse
(4) skill　(5) plan　(6) memory

❶ 財布 ／ ❷ 記憶 ／ ❸ プレゼンテーション・発表
❹ 工場 ／ ❺ 計画 ／ ❻ 技術

06　(1) ❹　(2) ❻　(3) ❷　(4) ❺　(5) ❶　(6) ❸

07　(1) ❸　(2) ❻　(3) ❷　(4) ❺　(5) ❶　(6) ❹

08　(1) ❺　(2) ❶　(3) ❻　(4) ❹　(5) ❸　(6) ❷

09　(1) ❺　(2) ❸　(3) ❶　(4) ❻　(5) ❷　(6) ❹

10　(1) ❹　(2) ❸　(3) ❶　(4) ❻　(5) ❺　(6) ❷

ZONE 1 [0001 - 0200]
ZONE 2 [0201 - 0400]
ZONE 3 [0401 - 0600]
ZONE 4 [0501 - 0800]
ZONE 5 [0801 - 1000]
まとめて覚える単語
ふろく

ZONE 5

問 題

次の英語の意味を❶～❻から選びなさい。

11 (1) value   (2) must   (3) government
    (4) near   (5) recommend   (6) symbol

> ❶ ～しなければならない・～にちがいない ／ ❷ 政府
> ❸ シンボル（象徴）／ ❹ 推薦する ／ ❺ 価値 ／ ❻ ～の近くに

12 (1) traffic   (2) energy   (3) sour
    (4) sign   (5) population   (6) pain

> ❶ エネルギー ／ ❷ 人口 ／ ❸ すっぱい
> ❹ 痛み ／ ❺ 目印 ／ ❻ 交通

13 (1) across   (2) topic   (3) manner
    (4) convenient (5) condition   (6) planet

> ❶ ～を横切って ／ ❷ マナー（作法）・方法 ／ ❸ 話題
> ❹ 便利な ／ ❺ 惑星 ／ ❻ 条件・状態

14 (1) will   (2) behind   (3) should
    (4) why   (5) effort   (6) nation

> ❶ ～すべきだ ／ ❷ 国家 ／ ❸ ～の後ろに
> ❹ 努力 ／ ❺ なぜ ／ ❻ ～する（つもりだ）

15 (1) apartment (2) through   (3) land
    (4) along   (5) scene   (6) into

> ❶ ～を通して ／ ❷ 場面・場所 ／ ❸ アパート・マンション
> ❹ ～の中へ ／ ❺ 土地 ／ ❻ ～に沿って

解 答

11 (1) ❺ (2) ❶ (3) ❷ (4) ❻ (5) ❹ (6) ❸

12 (1) ❻ (2) ❶ (3) ❸ (4) ❺ (5) ❷ (6) ❹

13 (1) ❶ (2) ❸ (3) ❷ (4) ❹ (5) ❻ (6) ❺

14 (1) ❻ (2) ❸ (3) ❶ (4) ❺ (5) ❹ (6) ❷

15 (1) ❸ (2) ❶ (3) ❺ (4) ❻ (5) ❷ (6) ❹

ZONE 1 [0001 - 0200]
ZONE 2 [0201 - 0400]
ZONE 3 [0401 - 0600]
ZONE 4 [0601 - 0800]
ZONE 5 [0801 - 1000]

16
(1) may　　(2) nature　　(3) temperature
(4) climate　(5) desert　(6) treasure

❶温度 ／ ❷宝物 ／ ❸〜してもよい・〜かもしれない
❹砂漠 ／ ❺自然 ／ ❻気候

17
(1) can　　(2) who　　(3) earthquake
(4) influence　(5) environment　(6) flood

❶環境 ／ ❷洪水 ／ ❸地震
❹影響 ／ ❺〜できる・ありえる ／ ❻だれ

18
(1) breath　　(2) during　　(3) quality
(4) experiment　(5) custom　(6) where

❶どこで［へ］ ／ ❷〜の間 ／ ❸品質
❹呼吸 ／ ❺実験 ／ ❻習慣

19
(1) religion　　(2) distance　　(3) about
(4) under　(5) sight　(6) but

❶〜について・およそ ／ ❷視力・視界・景色 ／ ❸しかし
❹〜の下に ／ ❺宗教 ／ ❻距離

20
(1) law　　(2) knowledge　　(3) instrument
(4) sense　(5) against　(6) advantage

❶知識 ／ ❷有利 ／ ❸楽器・道具
❹法律 ／ ❺感覚 ／ ❻〜に対して・〜に反対して

16　(1) ❸　(2) ❺　(3) ❶　(4) ❻　(5) ❹　(6) ❷
17　(1) ❺　(2) ❻　(3) ❸　(4) ❹　(5) ❶　(6) ❷
18　(1) ❹　(2) ❷　(3) ❸　(4) ❺　(5) ❻　(6) ❶
19　(1) ❺　(2) ❻　(3) ❶　(4) ❹　(5) ❷　(6) ❸
20　(1) ❹　(2) ❶　(3) ❸　(4) ❺　(5) ❻　(6) ❷

問題

日本語が正しい英文の訳になるように、空所を埋めなさい。

（1）My mom keeps a diary.　母は（　　　　　）をつけています。

（2）You may use a dictionary.　（　　　　　）を使ってもいいですよ。

（3）I'll leave her a note.　彼女に（　　　　　）を書いておきます。

（4）Our school has a big gym.　うちの学校には大きな（　　　　　）があります。

（5）Do you have a passport?　あなたは（　　　　　）を持っていますか？

（6）Take out a sheet of paper.　紙を1（　　　　　）出してください。

（7）In my opinion, everyone should exercise every day.　私の（　　　　）では、みんな毎日運動したほうがいいと思います。

（8）I used a lot of gestures when I went to France.　私がフランスに行ったとき、（　　　　）をたくさん使いました。

（9）I'd like two meters of this cloth.　この（　　　　　）を2メートルほしいです。

（10）Do you have a driver's license?　あなたは運転（　　　　　）を持っていますか？

解答

（1）My mom keeps a diary.　母は（日記）をつけています。

（2）You may use a dictionary.　（辞書）を使ってもいいですよ。

（3）I'll leave her a note.　彼女に（メモ）を書いておきます。

（4）Our school has a big gym.　うちの学校には大きな（体育館）があります。

（5）Do you have a passport?　あなたは（パスポート）を持っていますか？

（6）Take out a sheet of paper.　紙を1（枚）出してください。

（7）In my opinion, everyone should exercise every day.　私の（意見）では、みんな毎日運動したほうがいいと思います。

（8）I used a lot of gestures when I went to France.　私がフランスに行ったとき、（ジェスチャー・身振り）をたくさん使いました。

（9）I'd like two meters of this cloth.　この（布）を2メートルほしいです。

（10）Do you have a driver's license?　あなたは運転（免許）を持っていますか？

(11) Do you want to get a dessert?　あなたは（　　　　　）を注文したいですか？

(12) What is inside the fridge?　（　　　　　）の中には何がありますか？

(13) She received an award.　彼女は（　　　　　）をもらいました。

(14) There is a hole in your shirt.　シャツに（　　　　　）が開いていますよ。

(15) I like to read novels.　私は（　　　　　）を読むのが好きです。

(16) There is a castle in this town.　この町には（　　　　　）があります。

(17) I cannot draw a perfect circle.　私は完璧な（　　　　　）を描けません。

(18) We need more space.　私たちはもっと（　　　　　）が必要です。

(19) Plastic bags cost 10 yen.　（　　　　　）袋は10円です。

(20) The helmet will protect you.　ヘルメットはあなたを（　　　　　）ます。

---

(11) Do you want to get a dessert?　あなたは（デザート）を注文したいですか？

(12) What is inside the fridge?　（冷蔵庫）の中には何がありますか？

(13) She received an award.　彼女は（賞）をもらいました。

(14) There is a hole in your shirt.　シャツに（穴）が開いていますよ。

(15) I like to read novels.　私は（小説）を読むのが好きです。

(16) There is a castle in this town.　この町には（城）があります。

(17) I cannot draw a perfect circle.　私は完璧な（円・まる）を描けません。

(18) We need more space.　私たちはもっと（場所・スペース・空間）が必要です。

(19) Plastic bags cost 10 yen.　（ビニール）袋は10円です。

(20) The helmet will protect you.　ヘルメットはあなたを（守り・保護し）ます。

※ 訳は自然な日本語になるようにしていますので、たとえば代名詞が日本語に訳されていないことがあります。

問 題

日本語が正しい英文の訳になるように、空所を埋めなさい。

(21) Could you clean up this room?　この部屋を片付けて（　　　　）？

(22) Would you like to come to my house?　うちに（　　　　）？

(23) What time is it?　今、（　　　　）時ですか？

(24) Whose coat is this?　これは（　　　　）コートですか？

(25) How much does this coat cost?　このコートは（　　　　）しますか？

(26) Which flavor would you like?　あなたは（　　　　）味がいいですか？

(27) Go see Ms. Brown, and she'll give you some advice.　ブラウン先生に会いに行きなさい、（　　　）彼女はアドバイスをくれます。

(28) Hurry up, or you'll be late for class.　急ぎなさい、（　　　　）、授業に遅刻しますよ。

(29) We usually use chopsticks when we eat.　食べる（　　　　）はふつう、箸を使います。

(30) If I get a perfect score, I will get a new smartphone.　もし私が満点をと（　　　　）、新しいスマホを買ってもらえます。

解 答

(21) Could you clean up this room?　この部屋を片付けて（もらえませんか・いただけませんか）？

(22) Would you like to come to my house?　うちに（来るのはいかがですか・来るのはどうですか）？

(23) What time is it?　今、（何）時ですか？

(24) Whose coat is this?　これは（だれの）コートですか？

(25) How much does this coat cost?　このコートは（いくら）しますか？

(26) Which flavor would you like?　あなたは（どちらの・どの）味がいいですか？

(27) Go see Ms. Brown, and she'll give you some advice.　ブラウン先生に会いに行きなさい、（そうすれば）彼女はアドバイスをくれます。

(28) Hurry up, or you'll be late for class.　急ぎなさい、（さもないと・そうしないと）、授業に遅刻しますよ。

(29) We usually use chopsticks when we eat.　食べる（とき）はふつう、箸を使います。

(30) If I get a perfect score, I will get a new smartphone.　もし私が満点をと（れば）、新しいスマホを買ってもらえます。

1セット目	2セット目	3セット目	4セット目	5セット目	6セット目
POINT /20	/20	/20	/20	/20	/20

ZONE 1 [0001 - 0200]
ZONE 2 [0201 - 0400]
ZONE 3 [0401 - 0600]
ZONE 4 [0601 - 0800]
ZONE 5 [0801 - 1000]

(31) I'm sad because I lost my necklace.　私はネックレスを失くした（　　　）悲しいです。

(32) Although he is short, he is good at basketball.　彼は身長が低い（　　　）、バスケットボールが上手です。

(33) She left the office as soon as she finished her work.　彼女は仕事を終える（　　　）会社を出た。

(34) I cannot live without my cat.　私は猫が（　　　）と生きていけません。

(35) This café is popular among high school girls.　このカフェは女子高生（　　　）人気があります。

(36) I want all of them.　私はそれらの（　　　）がほしいです。

(37) The average score was 70.　（　　　）点は70点でした。

(38) I agree with Ms. Sato.　佐藤先生に（　　　）ます。

(39) I was impressed by your performance.　私はあなたの演奏に（　　　）ました。

(40) Is it spicy?　それは（　　　）ですか？

---

(31) I'm sad because I lost my necklace.　私はネックレスを失くした（ので・ため）悲しいです。

(32) Although he is short, he is good at basketball.　彼は身長が低い（けれども・が）、バスケットボールが上手です。

(33) She left the office as soon as she finished her work.　彼女は仕事を終える（とすぐに）会社を出た。

(34) I cannot live without my cat.　私は猫が（いない）と生きていけません。

(35) This café is popular among high school girls.　このカフェは女子高生（の間で・の中で）人気があります。

(36) I want all of them.　私はそれらの（すべて・全部）がほしいです。

(37) The average score was 70.　（平均）点は70点でした。

(38) I agree with Ms. Sato.　佐藤先生に（賛成し・同意し）ます。

(39) I was impressed by your performance.　私はあなたの演奏に（感動し・感銘を受け）ました。

(40) Is it spicy?　それは（辛い）ですか？

※ 訳は自然な日本語になるようにしていますので、たとえば代名詞が日本語に訳されていないことがあります。

メンテナンスも忘れずに

Get motivated!

「短期間で覚えたものは短期間で忘れるのでは?」と思う人もいるでしょう。一夜漬けならそうなりますよね。でも「1ヵ月6回繰り返す」と「長期記憶」のゾーンに入るようです。つまり「定着段階」となるわけです。

ただ、そうはいってもさすがに一生忘れないわけではありません。「月1メンテナンス」をしてください。月に1回、1000個の単語を総チェックするのです。1000個といっても、すでに6セットもやっているので1、2時間でチェックできるようになります。「毎月〇日は1000単語メンテナンスの日」と決めてやってみてください。

また、最初の目標が1000個というだけですよね。ですから、落ち着いたら次の1000個にトライしてみてください。一度成功していれば、自信を持って次に取り組めるはずです。

ふろく
まとめて覚える単語

基本前置詞

基本単語や身の回りの単語

ふろくの単語は音声ファイル「Furoku_E」と「Furoku_EJ」に収録してあります。

まとめて覚える単語

1. 基本前置詞

前置詞は訳語を丸暗記するだけでは対応できません。ここでは、一見簡単そうに見えて、実は奥が深い前置詞の「核心」に触れ、将来につながる前置詞の考え方を紹介していきます。

☐ **on** 前 [án] オン	接触	核心イメージは「接触」です。重力の関係で「〜の上」と訳されることが多いだけで、上下左右どこかに接触していれば on を使います。たとえば「壁にかかっている絵」なら a picture on the wall です。
☐ **in** 前 [ín] イン	包囲	核心イメージは「包囲」で、すっぽり包まれている感じです。たとえば in Japan「日本で」は「場所の包囲」です。また、sit in the sofa「ソファに座る」は、ふかふかのソファーにすっぽり包まれるように座っているイメージです。
☐ **at** 前 [ǽt] アット	一点	核心イメージは「一点」です。at Tokyo「東京で」(場所の一点)、at seven「7時に」(時の一点)、look at 〜「〜を見る」は視線を一点に向けるということです。
☐ **of** 前 [áv] アヴ	分離・部分	of の核心イメージは「分離・部分」でまったく反対の意味を持ちます。現代英語では「部分」、そこから派生した「所有」の意味でよく使われます。A of B は「B の (うちの) A」ということです。
☐ **from** 前 [frám] フラム	起点	核心イメージは「起点 (〜から)」です。「〜から」→「〜から離れて (分離)」という意味も生まれました。be absent from school なら「学校から離れている」→「学校を欠席する」ということです。
☐ **by** 前 [bái] バイ	近接	受動態の「〜によって」の印象が強いですが、核心イメージは「近接」です。たとえば stand by the window「窓のそばに立つ」です。
☐ **for** 前 [fɔ́:r] フォー	方向性	核心イメージは「方向性」で、「ざっくりした矢印」をイメージしてください。「(気持ちが) 〜に向いて」→「〜を求めて・ために・賛成して」となります。
☐ **to** 前 [tú:] トゥ	方向・到達・一致	核心イメージは「方向・到達・一致」で、「きっちりゴールまで行きつく矢印」のイメージです (for はゴールに行きつくかどうかは不明)。from が「スタート地点」なのに対して to は「ゴール地点」という関係です。
☐ **with** 前 [wíð] ウィズ	付帯	核心イメージは「付帯」です。A with B は「A (メイン) with B (オマケ)」のイメージです。tea with lemon「レモンティー」なら、lemon はオマケですよね。

2. 基本単語や身の回りの単語

「月」「曜日」「数字」など、身の回りの単語やすでに知っている単語、どこかで耳にしたことがある単語にはまとめて覚えたほうが効率的なものがたくさんあります。もし1000単語が終わって余裕があれば、チェックするのに利用してみてください。

① 曜日など

必ず最初の文字は大文字です。また、「〇曜日に」というときは "on+曜日" のように、前置詞はonを使います（このonは「依存」で、英語圏の人は曜日に頼って行動することに由来しています）。ちなみにSun.やMon.のように、最初の3文字のみで表記されていることもあります。

☐ Sunday	[sʌ́ndei]	サンデイ	日曜日
☐ Monday	[mʌ́ndei]	マンデイ	月曜日
☐ Tuesday	[t(j)úːzdei]	チューズデイ	火曜日
☐ Wednesday	[wénzdei]	ウェンズエイ	水曜日
☐ Thursday	[θə́ːrzdei]	サーズデイ	木曜日
☐ Friday	[fráidei]	フライデイ	金曜日
☐ Saturday	[sǽtərdei]	サタデイ	土曜日
☐ week	[wíːk]	ウィーク	週

② 月

曜日と同様に最初の文字は必ず大文字にします。「〇月に」というときは前置詞inを使います（このinは「時の包囲」の意味）。

☐ January	[dʒǽnjuèri]	ジャニュエリ	1月
☐ February	[fébruèri]	フェブリュエリ	2月
☐ March	[máːrtʃ]	マーチ	3月
☐ April	[éiprəl]	エイプリル	4月
☐ May	[méi]	メイ	5月
☐ June	[dʒúːn]	ジューン	6月
☐ July	[dʒulái]	ジュライ	7月
☐ August	[ɔ́ːgəst]	オーガスト	8月
☐ September	[septémbər]	セプテンバー	9月
☐ October	[ɑktóubər]	オクトウバー	10月
☐ November	[nouvémbər]	ノウヴェンバー	11月
☐ December	[disémbər]	ディセンバー	12月
☐ month	[mʌ́nθ]	マンス	(1ヵ月などの) 月

③ 季節

springには「芽を出す」という意味があり、「春に芽を出す」と覚えましょう。また、fallは動詞で「落ちる」という意味があるので「秋に葉っぱが落ちる」と考えてください。

□ spring	[spríŋ]	スプリング	春
□ summer	[sʌ́mər]	サマ	夏
□ fall／autumn	[fɔ́ːl/ɔ́ːtəm]	フォール／オータム	秋
□ winter	[wíntər]	ウィンター	冬
□ season	[síːzn]	スィーズン	季節

④ 数字（基数）

基数とは「1つ、2つ…」と数えるときに使います。また、数を表すほか、時刻を表すときにも使います（たとえば、It's 9 o'clock.「9時です」やIt's 3：20.「3時20分です」（3：20の発音はthree twenty）です）。

0	□ zero	[zíərou]	ズィロウ		16	□ sixteen	[síkstíːn]	スィックスティーン
1	□ one	[wʌ́n]	ワン		17	□ seventeen	[sèvntíːn]	セヴンティーン
2	□ two	[túː]	トゥー		18	□ eighteen	[èitíːn]	エイティーン
3	□ three	[θríː]	スリー		19	□ nineteen	[nàintíːn]	ナインティーン
4	□ four	[fɔ́ːr]	フォー		20	□ twenty	[twénti]	トゥエンティ
5	□ five	[fáiv]	ファイヴ		30	□ thirty	[θɔ́ːrti]	サーティ
6	□ six	[síks]	スィクス		40	□ forty	[fɔ́ːrti]	フォーティ
7	□ seven	[sévn]	セヴン		50	□ fifty	[fífti]	フィフティ
8	□ eight	[éit]	エイト		60	□ sixty	[síksti]	スィクスティ
9	□ nine	[náin]	ナイン		70	□ seventy	[sévnti]	セヴンティ
10	□ ten	[tén]	テン		80	□ eighty	[éiti]	エイティ
11	□ eleven	[ilévn]	イレヴン		90	□ ninety	[náinti]	ナインティ
12	□ twelve	[twélv]	トゥエルヴ		100	□ hundred	[hʌ́ndrəd]	ハンドレッド
13	□ thirteen	[θɔ́ːrtíːn]	サーティーン		1000	□ thousand	[θáuznd]	サウザンド
14	□ fourteen	[fɔ́ːrtíːn]	フォーティーン		100万	□ million	[míljən]	ミリョン
15	□ fifteen	[fíftíːn]	フィフティーン		10億	□ billion	[bíljən]	ビリョン

⑤ 数字（序数）

序数は順序を表します。"the＋序数"、"所有格＋序数"の形で使います。日付を表すときにも使い、たとえばNovember 15「11月15日」なら「ノヴェンバー　フィフティーンス」と読みます。

□ first	[fɔ́ːrst]	ファースト	1番目の・最初の
□ second	[sékənd]	セカンド	2番目の
□ third	[θɔ́ːrd]	サード	3番目の

☐ fourth	[fɔ́ːrθ]	フォース	4番目の
☐ fifth	[fífθ]	フィフス	5番目の
☐ sixth	[síksθ]	スィックス	6番目の
☐ seventh	[sévnθ]	セヴンス	7番目の
☐ eighth	[éitθ]	エイス	8番目の
☐ ninth	[náinθ]	ナインス	9番目の
☐ tenth	[ténθ]	テンス	10番目の
☐ eleventh	[ilévnθ]	イレヴンス	11番目の
☐ twelfth	[twélfθ]	トゥエルフス	12番目の
☐ thirteenth	[θə̀ːrtíːnθ]	サーティーンス	13番目の
☐ fourteenth	[fɔ̀ːrtíːnθ]	フォーティーンス	14番目の
☐ fifteenth	[fìftíːnθ]	フィフティーンス	15番目の
☐ sixteenth	[sìkstíːnθ]	スィックスティーンス	16番目の
☐ seventeenth	[sèvntíːnθ]	セヴンティーンス	17番目の
☐ eighteenth	[èitíːnθ]	エイティーンス	18番目の
☐ nineteenth	[nàintíːnθ]	ナインティーンス	19番目の
☐ twentieth	[twéntiəθ]	トゥエンティエス	20番目の
☐ thirtieth	[θə́ːrtiəθ]	サーティエス	30番目の
☐ twenty-first	[twénti fə́ːrst]	トゥエンティ　ファースト	21番目の
☐ twenty-fifth	[twénti fífθ]	トゥエンティ　フィフス	25番目の

⑥ 人称代名詞

人称代名詞は使い方によって形が変化します。主語なら「主格」、持ち主を表すとき、所有格なら「所有格＋名詞」の形、「～のもの」といいたいときは「所有代名詞」を使います。一般動詞の後ろにきて「～を」というときや、前置詞の後ろにくるときは「目的格」を使います。

		単数			
		主格	所有格	目的格	所有代名詞
		～は［が］	～の	～を［に］	～のもの
1人称	私	I	my	me	mine
2人称	あなた	you	your	you	yours
3人称	彼	he	his	him	his
	彼女	she	her	her	hers
	それ	it	its	it	―

		複数			
		主格	所有格	目的格	所有代名詞
		～は［が］	～の	～を［に］	～のもの
1人称	私たち	we	our	us	ours
2人称	あなたたち	you	your	you	yours
3人称	彼ら・彼女ら・それら	they	their	them	theirs

まとめて覚える単語

⑦ 「職業」など人を表す単語

日本語ではどんな客でも「お客さん」といいますが、英語ではpassenger、guest、customer、などどんなお客かによって使いわけます。

☐ musician	[mju:zíʃən]	ミューズィシャン	音楽家・ミュージシャン
☐ artist	[á:rtist]	アーティスト	アーティスト・芸術家
☐ magician	[mədʒíʃn]	マジシャン	マジシャン
☐ pilot	[páilət]	パイロット	パイロット
☐ astronaut	[æstrənɔ́:t]	アストロノート	宇宙飛行士
☐ engineer	[èndʒəníər]	エンジニア	技術者・エンジニア
☐ scientist	[sáiəntəst]	サイエンティスト	科学者
☐ actor	[æktər]	アクター	俳優
☐ actress	[æktrəs]	アクトレス	女優
☐ clerk	[klá:rk]	クラーク	店員・係員・事務員
☐ soldier	[sóuldʒər]	ソウルジャ	兵士
☐ doctor	[dáktər]	ダクタ	医師
☐ nurse	[ná:rs]	ナース	看護師
☐ dentist	[déntəst]	デンティスト	歯科医
☐ professor	[prəfésər]	プロフェサー	教授
☐ captain	[kæptən]	キャプテン	キャプテン・船長
☐ professional	[prəféʃənl]	プロフェショナル	プロ・専門家
☐ expert	[ékspə:rt]	エクスパート	専門家
☐ employee	[implóii:]	インプロイー	労働者・従業員
☐ boss	[bɔ́:s]	バス	上司
☐ king	[kíŋ]	キング	王
☐ queen	[kwí:n]	クウィーン	女王
☐ prince	[príns]	プリンス	王子
☐ princess	[prínsəs]	プリンセス	王女
☐ passenger	[pæsəndʒər]	パッセンジャ	乗客
☐ guest	[gést]	ゲスト	招待客・宿泊客
☐ customer	[kʌ́stəmər]	カスタマ	顧客・お店の客
☐ volunteer	[vàləntíər]	ヴァランティア	ボランティア
☐ president	[prézidənt]	プレジデント	大統領・社長
☐ mayor	[méiər]	メイア	市長
☐ neighbor	[néibər]	ネイバ	近所の人・隣人
☐ person	[pá:rsn]	パースン	人
☐ gentleman	[dʒéntlmən]	ジェントルマン	紳士

⑧ 人（親族など）

話をしていて、家族や親族を紹介するときに、nephew「おい」、niece「めい」など、意外とすぐには出てこない単語もあるので、ここで確認してみてください。

☐ father	[fá:ðər]	ファーザ	父
☐ mother	[mʌ́ðər]	マザ	母

☐ brother	[brʌ́ðər]	ブラザ	兄・弟・兄弟
☐ sister	[sístər]	スィスタ	姉・妹・姉妹
☐ grandfather	[grǽndfɑ̀:ðər]	グランドファーザ	祖父
☐ grandmother	[grǽndmʌ̀ðər]	グランドマザ	祖母
☐ uncle	[ʌ́ŋkl]	アンクル	おじ
☐ aunt	[ǽnt]	アント	おば
☐ cousin	[kʌ́zn]	カズン	いとこ
☐ son	[sʌ́n]	サン	息子
☐ daughter	[dɔ́:tər]	ドータ	娘
☐ child	[tʃáild]	チャイルド	子ども
☐ children	[tʃíldrən]	チルドレン	childの複数形
☐ husband	[hʌ́zbənd]	ハズバンド	夫
☐ wife	[wáif]	ワイフ	妻
☐ parent	[péərənt]	ペアレント	親・(parentsで) 両親
☐ adult	[ədʌ́lt]	アダルト	大人
☐ nephew	[néfju:]	ネフュ	おい
☐ niece	[ní:s]	ニース	めい
☐ family	[fǽməli]	ファミリ	家族
☐ friend	[frénd]	フレンド	友だち
☐ twin	[twín]	トゥウィン	(twinsで) 双子

⑨ 衣服など

shoes「靴」、socks「靴下」、glasses「メガネ」など、2つで1つのものはa pair of ~ を使って、a pair of shoes「1足の靴」、two pairs of shoes「2足の靴」のように使います。

☐ hat	[hǽt]	ハット	帽子
☐ cap	[kǽp]	キャップ	帽子（野球帽など）
☐ coat	[kóut]	コウト	(衣服の) コート
☐ jacket	[dʒǽkit]	ジャキット	ジャケット・上着
☐ shirt	[ʃə́:rt]	シャート	シャツ
☐ button	[bʌ́tn]	バトゥン	ボタン
☐ skirt	[skə́:rt]	スカート	スカート
☐ dress	[drés]	ドゥレス	ドレス
☐ pajama	[pədʒɑ́:mə]	パジャーマ	パジャマ
☐ handkerchief	[hǽŋkərtʃif]	ハンカチーフ	ハンカチ
☐ pants	[pǽnts]	パンツ	ズボン
☐ jeans	[dʒí:nz]	ジーンズ	ジーンズ
☐ glove	[glʌ́v]	グラヴ	手袋
☐ shoe	[ʃú:]	シュー	靴
☐ boot	[bú:t]	ブート	ブーツ・長靴
☐ sock	[sɑ́k]	サク	靴下
☐ glass	[glǽs]	グラス	メガネ
☐ uniform	[jú:nəfɔ̀:rm]	ユーニフォーム	制服・ユニフォーム

まとめて 覚える単語

⑩ 体

ヘッドホン、ロングヘア、ベビーフェイス、アイコンタクト、ショルダーバッグ、ネイルサロンなど、多くは日本語でも使われているので、関連させて覚えてみてください。

☐ head	[héd]	ヘド	頭	☐ shoulder	[ʃóuldər]	ショウルダ	肩
☐ hair	[héər]	ヘア	髪	☐ chest	[tʃést]	チェスト	胸
☐ face	[féis]	フェイス	顔	☐ arm	[ɑ́ːrm]	アーム	腕
☐ eye	[ái]	アイ	目	☐ hand	[hǽnd]	ハンド	手
☐ nose	[nóuz]	ノウズ	鼻	☐ finger	[fíŋgər]	フィンガ	指
☐ ear	[íər]	イア	耳	☐ thumb	[θʌ́m]	サム	親指
☐ mouth	[máuθ]	マウス	口	☐ nail	[néil]	ネイル	爪
☐ tooth	[túːθ]	トゥース	歯	☐ stomach	[stʌ́mək]	スタマク	腹・胃
☐ cheek	[tʃíːk]	チーク	頬	☐ hip	[híp]	ヒップ	おしり
☐ neck	[nék]	ネック	首	☐ leg	[lég]	レグ	脚
☐ throat	[θróut]	スロウト	のど	☐ foot	[fút]	フット	足

⑪ 家の中

ドア、テーブル、ナイフなど、そのまま日本語になっているものが多いので、ここはサラっと確認してしまいましょう。

☐ door	[dɔ́ːr]	ドーア	ドア
☐ window	[wíndou]	ウィンドウ	窓
☐ table	[téibl]	テイブル	テーブル
☐ cup	[kʌ́p]	カップ	カップ
☐ fork	[fɔ́ːrk]	フォーク	フォーク
☐ knife	[náif]	ナイフ	ナイフ
☐ clock	[klák]	クラック	（置き）時計
☐ glass	[glǽs]	グラス	グラス・コップ
☐ wall	[wɔ́ːl]	ウォール	壁
☐ TV	[tíːvíː]	ティーヴィー	テレビ

⑫ 食べ物

パンは英語ではbreadです（「パン」はキリスト教布教時、日本に一緒に入ってきたポルトガル語に由来するといわれています）。

☐ food	[fúːd]	フード	食べ物
☐ egg	[ég]	エッグ	タマゴ
☐ bean	[bíːn]	ビーン	豆
☐ meat	[míːt]	ミート	肉

☐ beef	[bíːf]	ビーフ	牛肉
☐ ham	[hǽm]	ハム	ハム
☐ sausage	[sɔ́(ː)siʤ]	ソースィッジ	ソーセージ
☐ pizza	[píːtsə]	ピーツァ	ピザ
☐ steak	[stéik]	ステイク	ステーキ
☐ toast	[tóust]	トウスト	トースト
☐ sandwich	[sǽndwitʃ]	サンドウィッチ	サンドイッチ
☐ hamburger	[hǽmbɚːrgər]	ハンバーガ	ハンバーガー
☐ soup	[súːp]	スープ	スープ
☐ rice	[ráis]	ライス	米・ご飯
☐ bread	[bréd]	ブレッド	パン
☐ butter	[bʌ́tər]	バタ	バター
☐ jam	[ʤǽm]	ジャム	ジャム
☐ cheese	[tʃíːz]	チーズ	チーズ
☐ sugar	[ʃúgər]	シュガ	砂糖
☐ salt	[sɔ́ːlt]	ソールト	塩

⑬ 飲み物

飲み物は入れ物を用いて、a cup of coffee「コーヒー1杯」、two cups of coffee「コーヒー2杯」のように使うのが原則です。

☐ water	[wɔ́ːtər]	ワータ	水
☐ coffee	[kɔ́ːfi]	コーフィ	コーヒー
☐ tea	[tíː]	ティー	お茶・紅茶
☐ milk	[mílk]	ミルク	ミルク・牛乳
☐ juice	[ʤúːs]	ジュース	ジュース
☐ wine	[wáin]	ワイン	ワイン

⑭ 果物

果物の名前は、ゼリーやジュースなどでそのまま日本語として使われていることも多いので、どこかで聞いたことがあるものが多いと思いますが、ここではつづりと一緒にチェックしてみてください。

☐ fruit	[frúːt]	フルート	果物
☐ apple	[ǽpl]	アプル	リンゴ
☐ orange	[ɔ́(ː)rinʤ]	オーリンジ	オレンジ
☐ peach	[píːtʃ]	ピーチ	モモ
☐ grape	[gréip]	グレイプ	ブドウ
☐ lemon	[lémən]	レモン	レモン
☐ pineapple	[páinæpl]	パイナプル	パイナップル
☐ cherry	[tʃéri]	チェリ	サクランボ

まとめて覚える単語

⑮ お菓子類

「クッキー」や「チョコレート」は意外とつづりが難しいので、書くときに要注意です。最近ではオシャレなカフェなどでpancake「パンケーキ」が有名なお店も多いですが、英語圏ではより身近な存在で、家庭での会話などでもよく出てきます。

☐ candy	[kǽndi]	**キャ**ンディ	キャンディー
☐ cookie	[kúki]	**ク**キ	クッキー
☐ chocolate	[tʃɔ́(ː)kələt]	**チャー**カレット	チョコレート
☐ pancake	[pǽnkèik]	**パ**ンケイク	パンケーキ・ホットケーキ

⑯ 野菜

一見簡単そうですが、発音に注意が必要な単語が多く、tomatoは「トメイトウ」、potatoは「ポテイトウ」、onionは「アニャン」という感じです。

☐ vegetable	[védʒətəbl]	**ヴェ**ジタブル	野菜
☐ tomato	[təméitou]	ト**メ**イトウ	トマト
☐ potato	[pətéitou]	ポ**テ**イトウ	ジャガイモ
☐ carrot	[kǽrət]	**キャ**ラット	ニンジン
☐ cabbage	[kǽbidʒ]	**キャ**ビッジ	キャベツ
☐ onion	[ʌ́njən]	**ア**ニャン	タマネギ
☐ cucumber	[kjúːkʌ̀mbər]	**キュー**カンバー	キュウリ
☐ pumpkin	[pʌ́mpkin]	**パ**ンプキン	カボチャ
☐ corn	[kɔ́ːrn]	**コー**ン	トウモロコシ

⑰ 国名・言語など

ここでは、国名や言語名などを表す単語をセットで覚えてしまいましょう。

国名		言語など	
☐ Japan [dʒəpǽn] ジャ**パ**ン	日本	☐ Japanese [dʒæpəníːz] ジャパ**ニー**ズ	日本語・日本人 日本（人）の
☐ America [əmérikə] ア**メ**リカ	アメリカ	☐ American [əmérikən] ア**メ**リカン	アメリカ人・ アメリカ（人）の
☐ Australia [ɔ(ː)stréiliə] オースト**レ**イリア	オーストラリア	☐ Australian [ɔ(ː)stréiliən] オースト**レ**イリアン	オーストラリア人・ オーストラリア（人）の
☐ China [tʃáinə] **チャ**イナ	中国	☐ Chinese [tʃàiníːz] チャイ**ニー**ズ	中国語・中国人・ 中国（人）の

☐ France [frǽns] フランス	フランス	☐ French [frénʃ] フレンチ	フランス語・フランス人・ フランス（人）の
☐ Korea [kəríːə] コリーア	韓国	☐ Korean [kəríːən] コリーアン	韓国語・韓国人・ 韓国（人）の
☐ Canada [kǽnədə] キャネダ	カナダ	☐ Canadian [kənéidiən] キャネイディアン	カナダ人・ カナダ（人）の
☐ Italy [ítəli] イタリ	イタリア	☐ Italian [itǽljən] イタリアン	イタリア語・イタリア人・ イタリア（人）の
☐ England [íŋglənd] イングランド	イギリス	☐ English [íŋgliʃ] イングリッシュ	英語・イギリス人・ イギリス（人）の
☐ Germany [ʤə́ːrməni] ジャーマニ	ドイツ	☐ German [ʤə́ːrmən] ジャーマン	ドイツ語・ドイツ人・ ドイツ（人）の
☐ Spain [spéin] スペイン	スペイン	☐ Spanish [spǽniʃ] スパニッシュ	スペイン語・スペイン人・ スペイン（人）の
☐ Brazil [brəzíl] ブラズィル	ブラジル	☐ Brazilian [brəzíliən] ブラズィリアン	ブラジル人・ ブラジル（人）の
☐ Portugal [pɔ́ːrtʃəgl] ポーチュガル	ポルトガル	☐ Portuguese [pɔ̀ːrtʃəgíːz] ポーチュギーズ	ポルトガル語・ポルトガル人・ ポルトガル（人）の
☐ India [índiə] インディア	インド	☐ Indian [índiən] インディアン	インド人・ インド（人）の
☐ Mexico [méksikòu] メキシコウ	メキシコ	☐ Mexican [méksikn] メキシカン	メキシコ人・ メキシコ（人）の
☐ Thailand [táilænd] タイランド	タイ	☐ Thai [tái] タイ	タイ語・タイ人・ タイ（人）の
☐ Switzerland [swítsərlənd] スウィッツァーランド	スイス	☐ Swiss [swís] スウィス	スイス人・ スイス（人）の
☐ Egypt [íːʤipt] イージプト	エジプト	☐ Egyptian [iʤípʃən] イジプシャン	エジプト人・ エジプト（人）の
☐ Greece [gríːs] グリース	ギリシャ	☐ Greek [gríːk] グリーク	ギリシャ語・ギリシャ人・ ギリシャ（人）の
☐ Singapore [síŋgəpɔ̀ːr] スィンガポール	シンガポール	☐ Singaporean [siŋgəpɔ́ːriən] スィンガポーリアン	シンガポール人・ シンガポール（人）の

正式にはEnglandはGreat Britain島からスコットランド（Scotland）とウェールズ（Wales）を除いた地方です。

まとめて 覚える 単語

⑱ 地域・都市

London、New Yorkなどそのままのものもあれば、Rome、Beijingなど日本語の感覚でいくと難しいものもあります。

☐ Asia	[éiʒə]	エイジャ	アジア
☐ Asian	[éiʒən]	エイジャン	アジア人・アジア人の
☐ Africa	[金frikə]	アフリカ	アフリカ
☐ African	[金frikən]	アフリカン	アフリカ人・アフリカ人の
☐ Hawaii	[həwáii:]	ハワイー	ハワイ
☐ Hawaiian	[həwáiən]	ハワイアン	ハワイの
☐ London	[lʌ́ndən]	ランドン	ロンドン
☐ New York	[n(j)ù: jɔ́:rk]	ニューヨーク	ニューヨーク
☐ Paris	[pǽris]	パリス	パリ
☐ Rome	[róum]	ロウム	ローマ
☐ Sydney	[sídni]	スィドニィ	シドニー
☐ San Francisco	[sæn frənsískou]	サンフランスィスコウ	サンフランシスコ
☐ Boston	[bɔ́(:)stən]	ボストン	ボストン
☐ Seattle	[si(:)金tl]	スィアトル	シアトル
☐ Washington	[wáʃiŋtən]	ワシントン	ワシントン
☐ Beijing	[bèidʒíŋ]	ベイジン	北京
☐ Hong Kong	[hάŋkάŋ]	ハング カング	香港

⑲ 学校

classは「授業」の意味で、「教室」はclassroomです。しっかり区別してください。

☐ school	[skú:l]	スクール	学校
☐ pencil	[pénsl]	ペンスル	鉛筆
☐ pen	[pén]	ペン	ペン
☐ notebook	[nóutbùk]	ノウトブク	ノート
☐ book	[búk]	ブク	本
☐ textbook	[tékstbùk]	テキストブク	教科書
☐ eraser	[iréisər]	イレイサー	消しゴム
☐ ruler	[rú:lər]	ルーラー	定規
☐ math	[mǽθ]	マス	数学
☐ history	[hístəri]	ヒストリィ	歴史
☐ social studies	[sóuʃl stʌ́diz]	ソウシャル スタディズ	社会
☐ science	[sáiəns]	サイエンス	科学・理科
☐ P.E.	[pí: í:]	ピーイー	体育
☐ classmate	[klǽsmèit]	クラスメイト	クラスメート
☐ student	[st(j)ú:dnt]	ステューデント	生徒・学生
☐ teacher	[tí:tʃər]	ティーチャ	先生
☐ class	[klǽs]	クラス	授業
☐ classroom	[klǽsrù:m]	クラスルーム	教室
☐ desk	[désk]	デスク	机

☐ chair	[tʃéər]	チェア	いす
☐ blackboard	[blǽkbɔ̀ːrd]	ブラックボード	黒板
☐ chalk	[tʃɔ́ːk]	チョーク	チョーク
☐ subject	[sʌ́bdʒekt]	サブジェクト	教科・主題
☐ test	[tést]	テスト	テスト
☐ exam	[igzǽm]	イグザム	試験
☐ homework	[hóumwɔ̀ːrk]	ホウムワーク	宿題
☐ club	[klʌ́b]	クラブ	クラブ・部
☐ playground	[pléigràund]	プレイグラウンド	校庭
☐ schoolyard	[skúːljɑ̀ːrd]	スクールヤード	校庭・運動場

⑳ 乗り物

「〜に乗る」という表現はいくつかあるのですが、take「とる」を覚えておくと便利です。take a bus「バスに乗る」、take a taxi「タクシーに乗る」です。「（いくつか選択肢がある中で、その交通手段を）とる（take）」→「乗る」というイメージです。

☐ car	[kɑ́ːr]	カー	車・自動車
☐ train	[tréin]	トレイン	電車
☐ bus	[bʌ́s]	バス	バス
☐ bike	[báik]	バイク	自転車 =bicycle
☐ plane	[pléin]	プレイン	飛行機
☐ ship	[ʃíp]	シップ	船
☐ boat	[bóut]	ボウト	ボート
☐ taxi	[tǽksi]	タクスィ	タクシー
☐ truck	[trʌ́k]	トゥラク	トラック
☐ subway	[sʌ́bwèi]	サブウェイ	地下鉄
☐ ambulance	[ǽmbjələns]	アンビュランス	救急車

㉑ 楽器

"play the 楽器"「〜を演奏する」は、原則、楽器の前にtheがつきます。また、pianist・guitaristなども合わせて覚えてしまいましょう（「ist」がつくと「人」を表します。artist「アーティスト」、scientist「科学者」もそうでしたね）。

☐ piano	[piǽnou]	ピアノウ	ピアノ
☐ pianist	[piǽnəst]	ピアニスト	ピアニスト
☐ guitar	[gitɑ́ːr]	ギター	ギター
☐ guitarist	[gitɑ́ːrist]	ギタリスト	ギタリスト
☐ violin	[vàiəlín]	ヴァイオリン	バイオリン
☐ violinist	[vàiəlínist]	ヴァイオリニスト	バイオリニスト
☐ flute	[flúːt]	フルート	フルート
☐ drum	[drʌ́m]	ドゥラム	ドラム・太鼓

※pianistは [píːənəst]「ピーアニスト」という発音もあります。

㉒ スポーツ

「スポーツをする」というときは"play+スポーツ名"の形で使います（play soccer、play baseball など）。冠詞の a や the はつけません。

☐ tennis	[ténəs]	テニス	テニス
☐ baseball	[béísbɔ̀:l]	ベイスボール	野球
☐ soccer	[sákər]	サカ	サッカー
☐ basketball	[bǽskətbɔ̀:l]	バスケットボール	バスケットボール
☐ rugby	[rʌ́gbi]	ラグビ	ラグビー
☐ volleyball	[válibɔ̀:l]	ヴォリボール	バレーボール
☐ golf	[gálf]	ガルフ	ゴルフ
☐ racket	[rǽkət]	ラキット	ラケット
☐ bat	[bǽt]	バット	バット
☐ ball	[bɔ́:l]	ボール	ボール

㉓ 動物など

たとえば「私は猫が（全般的に）好き」といいたいときは I like cats. のように、cats と複数形にします（複数形の総称用法といいます）。このときに冠詞の the はつけません。the をつけると「特定の猫が好き」という意味になります。

☐ dog	[dɔ́(:)g]	ドッグ	犬	☐ goose	[gú:s]	グース	ガチョウ
☐ cat	[kǽt]	キャット	猫	☐ eagle	[í:gl]	イーグル	ワシ
☐ bird	[bə́:rd]	バード	鳥	☐ wolf	[wúlf]	ウォルフ	オオカミ
☐ elephant	[éləfənt]	エレファント	ゾウ	☐ rabbit	[rǽbət]	ラビット	ウサギ
☐ lion	[láiən]	ライエン	ライオン	☐ deer	[díər]	ディア	シカ
☐ tiger	[táigər]	タイガー	トラ	☐ sheep	[ʃí:p]	シープ	ヒツジ
☐ panda	[pǽndə]	パンダ	パンダ	☐ snake	[snéik]	スネイク	ヘビ
☐ horse	[hɔ́:rs]	ホース	馬	☐ dolphin	[dálfin]	ダルフィン	イルカ
☐ zebra	[zí:brə]	ズィーブラ	シマウマ	☐ turtle	[tə́:rtl]	タートル	カメ
☐ monkey	[mʌ́ŋki]	マンキィ	サル	☐ whale	[hwéil]	ウェイル	クジラ
☐ gorilla	[gərílə]	ゴリラ	ゴリラ	☐ octopus	[áktəpəs]	アクトパス	タコ
☐ kangaroo	[kæ̀ŋgərú:]	カンガルー	カンガルー	☐ shark	[ʃá:rk]	シャーク	サメ
☐ koala	[kouá:lə]	コウアラ	コアラ	☐ frog	[frág]	フラッグ	カエル
☐ bear	[béər]	ベア	熊	☐ crocodile	[krákədàil]	クラコダイル	クロコダイル
☐ pig	[píg]	ピッグ	豚	☐ zoo	[zú:]	ズー	動物園
☐ mouse	[máus]	マウス	ネズミ (ハツカネズミ)	☐ fish	[fíʃ]	フィッシュ	魚
☐ rat	[rǽt]	ラット	ネズミ (特に大型のもの)	☐ salmon	[sǽmən]	サモン	サケ
☐ cow	[káu]	カウ	雌牛・乳牛	☐ insect	[ínsekt]	インセクト	昆虫
☐ fox	[fáks]	ファクス	キツネ	☐ bee	[bí:]	ビー	ハチ
☐ chicken	[tʃíkin]	チキン	ニワトリ	☐ fly	[flái]	フライ	ハエ
☐ duck	[dʌ́k]	ダック	カモ・アヒル	☐ spider	[spáidər]	スパイダー	クモ
☐ crane	[kréin]	クレイン	ツル	☐ butterfly	[bʌ́tərflài]	バタフライ	チョウ
☐ penguin	[péŋgwin]	ペングウィン	ペンギン	☐ ant	[ǽnt]	アント	アリ

　この「1000単語習得法」は、大学受験生に「夏休み」に話すことはすでにお伝えしました。予備校の夏期講習は1週間ごとに授業があります。たとえばボクの授業が7月の最終週にあったとしたら、夏休み中にボクが担当する授業はそれでおしまいなんです。翌週からは別の講座が始まります。ボク自身は別の校舎で授業をすることになります。ですから、夏期講習の最終日にこう話すんです。

> 　… 以上のやり方で1000単語を1ヵ月で覚えられるはず。明日から始めても夏休み中に1000個マスターできる。ぜひやってくれよな。で、9月の最初の授業で必ず聞くから。「夏に話した、1000単語、やった人、手を挙げて！」って。
> 　そのとき、堂々と手を挙げられるか、はたまた気まずそうな苦笑いになるか…。頼むぞ！

　そして実際に、9月の授業で聞きます。まだ予備校で教え始めた最初の数年は、手を挙げる生徒は6割くらいでした。ちょっと少ない気もするけど、手を挙げた生徒の顔はイキイキとしていました。

　その後、この仕事を続けていって、年々とボクの説明がうまくなったのか、はたまた、先輩たちからその効果を聞いたのかはわかりませんが、次第に増えていき、あるときから、どのクラス・どの校舎でも、そして予備校が変わっても、確実に9割以上の生徒が手を挙げてくれるようになりました。95％以上というクラスも珍しくありませんでした。

　絶景なんです。

　普段、授業中に手を挙げるなんてことをしない、大人びた高校生たちが、堂々と手を挙げる。しかも教室の全体でそれが起きる。

　教壇から見るその光景は圧巻です。きっと生徒たち自身はもっと素晴らしい気持ちを抱いたはずです。

　ぜひみなさんにも、あの快感を味わってほしいと思います。そしていつかどこかでお会いすることがあれば、言ってください。
　「1000単語、私もやりました！」と。

関　正生

著者紹介

関　正生（せき・まさお）

◉──英語講師・語学書作家。1975年7月3日生まれ。埼玉県立浦和高校、慶應義塾大学文学部（英米文学専攻）卒業。TOEICテスト990点満点取得。

◉──リクルート運営のオンライン予備校「スタディサプリ」で、毎年、全国の小中高生・大学受験生90万人以上に講義を、また、大学生・社会人にTOEICテスト対策の講義を行っている。授業以外に、九州大学・明治学院大学、企業での講演も多数。

◉──おもな著書は、『カラー改訂版　世界一わかりやすい英文法の授業』（KADOKAWA）、『サバイバル英文法』（NHK出版新書）、『東大英語の核心』（研究社）など100冊以上。NHKラジオ講座『基礎英語3』や『CNN ENGLISH EXPRESS』でコラムを連載中。

中学校3年間の英単語が1ヵ月で1000語覚えられる本

2020年4月1日　　第1刷発行
2024年10月24日　　第17刷発行

著　者──関　正生
発行者──齊藤　龍男
発行所──株式会社かんき出版

東京都千代田区麹町4-1-4 西脇ビル　〒102-0083
電話　営業部：03(3262)8011代　編集部：03(3262)8012代
FAX　03(3234)4421　　　　振替　00100-2-62304
http://www.kanki-pub.co.jp/

印刷所──TOPPANクロレ株式会社

・カバーデザイン
ISSHIKI

・本文デザイン
鈴木　智則（ワーク・ワンダース）

・DTP
畑山　栄美子（エムアンドケイ）
茂呂田　剛（エムアンドケイ）

・校正
谷口　健太（エディット）

・ナレーション
Josh Keller　Jennifer Okano
木村史明　水月優希